Julius Adrian F. Wilhelm von Verdy du Vernois

Beitrag zu den Kavallerie-Uebungs-Reisen

Julius Adrian F. Wilhelm von Verdy du Vernois

Beitrag zu den Kavallerie-Uebungs-Reisen

ISBN/EAN: 9783744632850

Hergestellt in Europa, USA, Kanada, Australien, Japan

Cover: Foto ©Andreas Hilbeck / pixelio.de

Weitere Bücher finden Sie auf **www.hansebooks.com**

Beitrag

zu den

Kavallerie - Uebungs - Reisen.

Von

J. v. Verdy du Vernois,
Oberst und Chef des Generalstabes des I. Armee-Korps.

ESM

Nebst einer Karte.

Berlin 1876.

Ernst Siegfried Mittler und Sohn,
Königliche Hofbuchhandlung
Kochstraße 69. 70.

Inhalts-Verzeichniß.

Plan.

Vorwort.

Im Laufe des vergangenen Jahres sind bei einigen Armee-Korps versuchsweise „Kavallerie-Uebungs-Reisen" ausgeführt worden und hat in Folge der dabei erreichten Resultate für dieses Jahr die Anordnung derartiger Uebungen in größerer Ausdehnung stattgefunden. Es dürfte unter diesen Umständen vielleicht von Interesse sein, die Zwecke und den Gang einer solchen Uebung durch Darlegung einer thatsächlich ausgeführten näher kennen zu lernen, wenngleich dieselbe immerhin nur eine einseitige Anschauung bezüglich der Leitung bietet. In den nachfolgenden Blättern habe ich mir daher gestattet, eine allgemeine Uebersicht der im Herbst 1875 im Bereich des ersten Armee-Korps abgehaltenen Kavallerie-Uebungs-Reise zu geben.

Königsberg, den 23. Februar 1876.

v. Verdy,
Oberst und Chef des Generalstabes
des 1. Armee-Korps.

Einleitung.

Die wichtigen Dienste, welche die Kavallerie im Felde der Armee-Führung zu leisten vermag, sind heutigen Tages allgemein anerkannt; bei ihr, wie bei den anderen Waffen kommt es daher darauf an, auf praktischem wie theoretischem Wege sie für alle Zweige ihrer Wirksamkeit vorzubereiten.

Immerhin blieb jedoch bei der Kavallerie im bisherigen Gange der Ausbildung dabei eine nicht unerhebliche Lücke.

Die Uebungen in den Garnisonen im Felddienst und bei den sogenannten Offiziers-Aufgaben haben neben der Detail-Ausbildung Einzelhandlungen im Auge, die nur einem gewissen beschränkten Kreise — namentlich auch in Rücksicht auf das Terrain — angehören können.

Bei den Detachements- und Divisions-Uebungen (Manöver) spielt allerdings der Aufklärungs-Dienst bereits eine Rolle, beschränkt sich jedoch bei verhältnißmäßig geringen Kräften und bei eng begrenzten räumlichen Verhältnissen nur auf kurze, schnell vorübergehende Momente. Auch ist die Thätigkeit der Kavallerie durch die ihr auf kurze Entfernung folgende Infanterie gebunden.

Die Uebungen der kombinirten Kavallerie-Divisionen sind vorzugsweise Exerzir- und Gefechts-Uebungen.

Es fehlt somit die Vorbildung für die Thätigkeit der den Armeen vorausgehenden größeren Kavallerie-Abtheilungen. Bei diesen beruht aber die Wirksamkeit, neben den Anordnungen der obersten Leitung, auf dem Verständniß und der Gewandtheit bei Führung kleinerer Abtheilungen, sowie auf dem Verhalten einzeln entsandter Offiziere. Hierbei ist jedoch nicht zu übersehen, daß alle diese Einzelhandlungen das spezielle Gepräge erst durch ihre Beziehung zur allgemeinen Situation erhalten.

Um nach diesen Richtungen hin anzuregen und auszubilden sind die Kavallerie-Uebungs-Reisen für Rittmeister und Subaltern-Offiziere der Kavallerie eingeführt worden.

Indem sich diese Uebungen im Terrain den längst bestehenden „Generalstabs-Reisen" anschließen, sind doch ihre Zwecke andere und müssen daher die einzuschlagenden Wege in wesentlichen Punkten von der bei jenen vorherrschenden Praxis abweichen.

Die Generalstabs-Reisen haben den Zweck: das Verständniß für die höhere Truppenführung zu fördern und brauchbare Führer wie Organe für dieselben heranzubilden. Sie haben es hierbei mit gemischten Truppenkörpern zu thun und umfassen neben den täglich nothwendigen Anordnungen bei solchen, also neben den Märschen, Bivouaks, Kantonnements, Vorposten ꝛc. ꝛc. größere Gefechts-Verhältnisse, sowie das Gebiet der Operationen.

Der Zweck der Kavallerie-Uebungs-Reisen ist dagegen in der Instruktion des Königlichen Kriegs-Ministeriums vom 29. Januar a. c. (Armee-Verordnungs-Blatt vom 3. Februar 1876, Nr. 5) klar und präzis hingestellt. Sie sollen „den Theilnehmern eine innerhalb ihrer und der nächst höheren Sphäre des Dienstes der Kavallerie liegende, auf den Krieg gerichtete geistige Anregung geben", und sind „die Gegenstände der Besprechung im Terrain, wie die daran anzuknüpfenden Aufträge hauptsächlich aus den mannigfaltigen Aufgaben des Sicherheits- und Aufklärungs-Dienstes, wie sie einer selbstständigen Kavallerie-Division zufallen werden, zu entnehmen."

Es empfiehlt sich daher bei einer derartigen Reise nicht, die Offiziere mit Aufträgen aus dem Wirkungskreise höherer Kommandostellen zu beschäftigen; so interessant und nutzbringend diese auch an und für sich sind, so würden sie doch vom eigentlichen Zweck der Uebung ablenken.

Andererseits ist aber bereits hervorgehoben worden, in welcher innigen Beziehung bei vorgesandten Kavallerie-Massen die den einzelnen Offizieren zufallenden Aufträge zu der augenblicklichen Situation im Großen stehen; man wird daher das Gebiet der Operationen dieser Massen, als der nothwendigen Grundlage, auf welcher sich die einzelnen Aufgaben abheben, füglich nicht entbehren können.

Sache der Leitung ist es, diese Grundlage zu finden, ohne die einzelnen Offiziere in andere Uebungen, als der Zweck der Reise es verlangt, hinüberzuziehen.

Unter den verschiedenen Wegen, die hierbei eingeschlagen werden können, dürften zwei vorzugsweise Beachtung verdienen. In beiden Fällen wird es sich jedoch empfehlen, eine allgemeine Situation in Form einer General-Idee der Uebung zu Grunde zu legen.

Auf Grund derselben kann der Leitende die spezielle Situation feststellen und die entsprechenden Befehle ertheilen. An die sich hieraus ergebenden Lagen knüpfen sich alsdann die einzelnen Aufträge an.

Der zweite Weg ist, daß man die Theilnehmer in zwei Parteien eintheilt und die Führung der beiderseitigen Detachements an Stabs= offiziere überträgt, welche ihrerseits gemäß der General= und Spezial= Idee die Befehle für die Detachements an den einzelnen Operations= tagen ertheilen, wodurch alsdann eine Grundlage für die Aufgaben gewonnen wird. Das Interesse wird bei diesem Verfahren — schon durch das gegenseitig zu bewahrende Geheimniß — erhöht und die oberste Leitung wesentlich erleichtert. Auch können alsdann Aufträge gestellt werden, die räumlich weiter voneinander entfernt liegen, indem sich der Leitende und die Detachementsführer in deren Kontrole zu theilen vermögen.

Ein weiterer Vorzug dieses Weges besteht darin, daß durch den= selben dem Kavallerie=Offizier die große Bedeutung recht anschaulich gemacht werden kann, welche seine Thätigkeit vor der Front, die zweckmäßige Lösung der ihm zufallenden Aufträge für die obere Heeres= leitung hat, ja, wie dieselbe sogar die Grundlage für die wichtigsten Entschlüsse der Letzteren bilden kann.

Immerhin wird aber auch bei dieser Methode es zweckmäßig sein, wenn man nicht, wie dies bei den Generalstabsreisen meist ge= schieht, den Operationen der beiden Führer völlig freien Lauf läßt. Der Leitende wird vielmehr die Uebung derartig anzulegen haben, daß die Aufgaben aus den wichtigsten Situationen hervorgehen, welche sich bei Verwendung größerer Kavalleriemassen ergeben. Hierzu sind zu rechnen: das Gewinnen der Fühlung mit dem Gegner, Vor= und Rückwärts=, sowie Flanken=Bewegungen vor dem Feinde und das Verhalten der Kavallerie im Angesicht größerer feindlicher Infanterie= körper. Demnächst wird aber der Leitende eine Einwirkung ausüben müssen, daß diese Situationen auch zum Ausdruck gelangen; er kann demgemäß auch den allgemeinen Gang der Uebung im Voraus für sich selbst entwerfen und sogar die einzelnen Quartiere, welche an den verschiedenen Tagen der Reise genommen werden sollen, bereits vor dem Beginn derselben feststellen.

Ob nun der Leitende einen dieser hier skizzirten Wege einschlägt, oder nach anderen Prinzipien verfährt, muß ihm völlig überlassen bleiben, da dies vorzugsweise von seiner Individualität und den sonstigen Verhältnissen abhängig ist. Die erwähnte kriegsministerielle

Verfügung giebt daher nur Direktiven für den Zweck der Reise, gewährt den Leitenden aber sonst völlige Freiheit für ihre Anlage und
Durchführung. Dem früher Entwickelten entsprechend gestattet sie
überdies, daß auf Wunsch des Leitenden zwei Stabsoffiziere der Kavallerie zu der Reise herangezogen werden können.

Die vorliegende Arbeit wird die beiden hier näher erwähnten
Methoden zur Anschauung bringen. Am ersten Operationstage erfolgt die Gestaltung der einzelnen Situationen, aus welchen heraus
die Aufgaben ertheilt wurden, durch den Leitenden selbst; am zweiten
Operationstage ergeben sich dieselben aus den Befehlen der Stabs-
offiziere, welche die beiderseitigen Detachements führten. Da letztere
Methode im Laufe der Uebung beibehalten wurde, ist für die übrigen
Uebungstage nur eine kurze Uebersicht des allgemeinen Ganges hier
hinzugefügt worden.

Was die von den Theilnehmern zu liefernden Arbeiten betrifft,
so wurde prinzipiell bei der Uebungsreise im I. Armeekorps von der
Anfertigung der Arbeiten im Quartier völlig Abstand genommen.
Nur die beiden Detachementsführer hatten in denselben ihre Befehle,
soweit solche nicht auf dem Felde während der Besprechung in einzelnen
Situationen ertheilt worden waren, niederzuschreiben und diese, sowie
eine kurze Uebersicht der durchgesprochenen Ereignisse bei ihrem Detachement am Schluß jedes Uebungstages dem Leitenden einzureichen.
Durch derartige Relationen wird am geeignetsten die Uebersicht der
sich allmälig entwickelnden Verhältnisse gewahrt, auch erfolgt so am
schnellsten die Beseitigung von Mißverständnissen, die sich sonst leicht
fortpflanzen und falsche Auffassungen hervorrufen. Hat der Leitende
von den Operationen zweier Detachements unter Führung von Stabsoffizieren Abstand genommen und sich selbst die detaillirte Leitung der
Operationen vorbehalten, so muß auch von ihm die weitere Befehls-
ertheilung ausgehen, resp. die Uebersicht der Ereignisse angefertigt
werden.

Im Uebrigen fand die Lösung der Aufgaben auf dem Felde
selbst statt, und zwar in der Form mündlicher oder schriftlicher Meldungen, letztere auf Meldekarten (im Couvert), wie solche in unserer
Armee für Manöver wie im Kriege eingeführt sind. Da auf die
Abfassung präziser Meldungen nicht genug Werth gelegt werden kann
und dies gelernt und geübt sein will, so wurde festgehalten, daß
jede von den einzelnen Offizieren auch mündlich getroffene Anordnung
noch nachträglich in Form einer Meldung zu Papier zu bringen war.

Um auch nach dieser Richtung hin einen Anhalt zu bieten, ist in der nachfolgenden Arbeit an den beiden ersten Uebungstagen die Lösung einzelner Aufgaben hinzugefügt worden. Es erschien jedoch nicht angemessen, den Wortlaut der thatsächlichen Lösungen wiederzugeben und sind statt ihrer daher anderweitig entworfene Meldungen ꝛc. hier eingeschoben.

Im Zweck der ganzen Uebung liegt es, daß der Besprechung der Aufträge im Terrain selbst die größte Wichtigkeit beigelegt werden muß. Der Leitende wird es hierbei meist in der Hand behalten, die Besprechung derartig zu regeln, daß der größte Theil der Offiziere denselben beiwohnen und somit Kenntniß von den verschiedenen Aufträgen und ihre Lösung nehmen kann; nur in den Fällen, in welchen letztere auf die Maßnahmen des Gegners Einfluß haben könnte, ist dieser zeitweise von der Besprechung fern zu halten.

Indem auf solche Weise im Laufe eines Uebungstages eine größere Anzahl von Situationen für alle Offiziere zugänglich gemacht wird, ist es nicht erforderlich, der gesammten Uebungsreise eine sehr große Ausdehnung zu geben.

Die Dauer der Reise umfaßte beim I. Armeekorps einen Zeitraum von neun Tagen; hiervon war der erste zur Versammlung und Orientirung bestimmt, sechs Tage waren den Uebungen im Terrain gewidmet und zwei Tage für Konferenzen resp. zur Ruhe festgesetzt worden.

Zur Theilnahme an der Uebung waren, außer dem Leitenden, von jedem der fünf Kavallerie-Regimenter des Armeekorps ein Rittmeister und ein Lieutenant ursprünglich kommandirt worden. Durch freiwillige Betheiligung von Generalstabs- und Kavallerie-Offizieren erhöhte sich die Gesammtzahl auf 17 Offiziere, und zwar: 4 Stabs-Offiziere, 5 Rittmeister und 7 Premier- resp. Sekonde-Lieutenants. Ein Hinausgehen über diese Ziffer dürfte die Wirksamkeit der Leitung bereits beeinträchtigen, indem als wünschenswerth hingestellt werden muß, daß jeder Einzelne im Laufe eines jeden Tages seine ausreichende Beschäftigung findet und dem Leitenden doch dabei die Möglichkeit geboten wird, sämmtliche Aufträge im Terrain durchzusprechen.

Zur Besorgung des schriftlichen Verkehrs mit den Behörden ꝛc. war ein Schreiber (von der Infanterie), für die Quartier- und Fourage-Angelegenheiten ein Unteroffizier und ein Gemeiner des zunächst garnisonirenden Kavallerie-Regiments kommandirt worden.

Skizze der Uebungs-Reise.

Erster Uebungstag.
Mühlhausen, den 18. September.

Das Rendezvous für die Theilnehmer war auf den 18. September nach Mühlhausen (Station der Ost-Bahn auf der Strecke Königsberg—Dirschau) gelegt.

Hier fand in einer Konferenz zunächst die allgemeine Orientirung über die Zwecke der Reise statt und folgte hierauf die Mittheilung der General-Idee, welche der Uebung zu Grunde gelegt werden sollte.*)

Diese lautete:

General-Idee.

Beim Eindringen einer Ost-Armee in die Provinz Preußen haben sich die dort befindlichen Streitkräfte des West-Korps theils nach Königsberg geworfen, theils von Bartenstein aus den Abmarsch nach der Weichsel in Richtung auf Marienburg angetreten.

Die Ost-Armee, welche inzwischen Königsberg cernirt, hat stärkere Kavallerie-Massen letzteren Abtheilungen nachgeschickt.

Am Nachmittage des 18. September hat die beiderseitige Kavallerie Fühlung gewonnen. Die letzten Abtheilungen der Kavallerie des West-Detachements befinden

---

*) Jede Uebersichts-Karte der Provinz Preußen reicht zum Verständniß der allgemeinen Lage, wie solche durch die General-Idee festgestellt ist, aus.

sich an der Passarge, die vordersten Abtheilungen des Ost=
Detachements in der Linie Packhausen—Wormditt.*)

Demnächst wurden die Offiziere in zwei Abtheilungen vertheilt
und dem West= resp. Ost=Detachement überwiesen.

Die Mittheilung der Spezial=Idee erfolgte gesondert an ein
jedes der beiden Detachements.

Die Spezial=Idee für das West=Detachement war fol=
gende:

Das West=Detachement ist in der Stärke von 6 Ba=
taillons, 2 Batterien, 2 Eskadrons Ulanen am 18. Sep=
tember auf seinem Rückzuge nach der Weichsel bei Elbing
angelangt. Eine ihm beigegebene Kavallerie=Brigade —
12 Eskadrons, 1 reitende Batterie — befindet sich an diesem
Tage mit ihrem Gros noch bei Mühlhausen und hält mit
ihren letzten Abtheilungen die Passarge.

Da zunächst nur feindliche Kavallerie gefolgt ist, be=
schließt der Kommandeur des West=Detachements, vorläufig
noch bei Elbing zu verbleiben.

Die Kavallerie=Brigade erhält den Auftrag:

Ein Vorgehen des Feindes über die Passarge nach
Kräften zu verzögern, im Falle eines Rückzuges aber auf
den Oberländer Kanal, eventuell südlich des Drausen=Sees
auszuweichen.**)

Ordre de bataille der 1. Kavallerie=Brigade:

Küraffier=Regiment Nr. 3 ⎫
Dragoner=Regiment Nr. 1 ⎬ à 4 Eskadrons.
Husaren=Regiment Nr. 2 ⎭
1. reitende Batterie à 6 Geschütze.

Zur Erläuterung sei bemerkt, daß das Höhen=Terrain östlich
Elbing bis an die Linie Bahnhof Güldenboden—Mühlhausen dem
West=Detachement hinlänglich Sicherheit auch gegen bedeutende feind=
liche Kavallerie=Massen gewährt. Dagegen führt ein etwa nothwen=
dig werdender weiterer Rückzug scharf in südwestlicher Richtung nach
dem einen starken Marsch entfernten Marienburg und mußte alsdann

---

*) Siehe den anliegenden Plan.
**) Siehe Plan: s. w. Pr.=Holland.

verhindert werden, daß der Gegner nicht durch eine Umgehung südlich des Drausen-Sees dem Abzuge Schwierigkeiten bereitete.

In Rücksicht auf die Richtung der Rückzugs-Linie erschien daher
für diesen Fall eine Deckung des Terrains südlich des Drausen-Sees
durch die 1. Kavallerie-Brigade erforderlich, sobald selbige sich an der
Passarge nicht mehr zu behaupten vermochte. Aus diesem Grunde
ist bei dem vorstehenden Aufträge davon Abstand genommen worden,
die Brigade direkt auf dem nächsten Wege an das Gros heranzuziehen, vielmehr hat dieselbe den Befehl erhalten, eventuell auf den
Oberländer Kanal, resp. südlich des Drausen-Sees auszuweichen.

Die oberste Leitung hatte sich für den ersten Uebungstag die
Aufstellung und Anordnung der Bewegungen der beiden Detachements
selbst vorbehalten. Es wurde dies Verfahren namentlich auch dadurch
mit bedingt, daß der Versammlungs-Punkt Mühlhausen etwa 2 Meilen von der Passarge, woselbst sich die vordersten Abtheilungen gegen-
überstanden, entfernt liegt und die Leitung die Freiheit behalten wollte,
den Marsch bis an die Passarge nutzbringend auszubeuten.

General- und Spezial-Idee waren den Offizieren in die Brief-
taschen diktirt worden. Zu ihrer weiteren Information gehörte eine
genaue Darlegung der Lage, in welcher sich die betreffende Abtheilung in der Nacht vom 18. zum 19. September befand. Beides
mußte ebenfalls notirt werden und lautete:

Situation der Kavallerie-Brigade des West-Detachements in der Nacht vom 18. zum 19. September.

1. **Detachirte Abtheilungen.** .
   4. Eskadron Dragoner Nr. 1 an der Passarge, mit dem
   Gros bei Baarden, ein Zug an der Brücke von Spauden.
   4. Eskadron Husaren Nr. 1 auf der Straße Pr.-Holland—
   Wormditt bei Krickehnen.

2. **Avantgarde.**
   Dragoner-Regiment Nr. 1,
   Mit 2 Eskadrons in Neumark.
   Mit 1 Eskadron in Fürstenau.

3. **Gros.**
   Husaren-Regiment Nr. 1 (3 Eskadrons) in Herrendorf.

   Küraffier-Regiment Nr. 3 (4 Eskadrons) ⎱ in Mühlhausen und
   und 1. reitende Batterie ⎰ den westlich gelegenen
   nächsten Dörfern.

4. Trains: Schönberg.

5. **Brigade-Quartier:** Mühlhausen.

Notiz: Die auf dem rechten Ufer der Passarge vorgewesenen Patrouillen sind von überlegener feindlicher Kavallerie zurückgedrängt worden; nur der vor der Brücke von Spanden befindliche ehemalige Brückenkopf ist noch besetzt geblieben. Stärkere Abtheilungen feindlicher Dragoner haben sich Baarden gegenüber gezeigt, verschiedene Rekognoszirungen derselben lassen einen Uebergangs-Versuch daselbst wahrscheinlich erscheinen.

Befehl der Kavallerie-Brigade des West-Detachements für den 19. September.

West-Detachement.   Mühlhausen,
1. Kavallerie-Brigade.   den 18. September, 10 Uhr Nachm.

Brigade-Befehl.

Feindliche Dragoner haben sich heute Nachmittag auf dem rechten Ufer der Passarge, Baarden gegenüber, gezeigt.

Um einem etwaigen Uebergangs-Versuche des Gegners entgegenzutreten, steht die Brigade morgen den 19. früh 7 Uhr zum Vormarsch auf Baarden am östlichen Ausgange von Neumark in Rendezvous-Formation bereit, das Dragoner-Regiment als Avantgarde bei Fürstenau.

Die Trains und Bagagen sind zu derselben Zeit am westlichen Eingange von Mühlhausen versammelt, woselbst sie weitere Befehle erwarten; das Kürassier-Regiment giebt zur Bedeckung derselben 1 Unteroffizier und 10 Pferde.

Das Husaren-Regiment entsendet einen Zug nach dem Bahnhofe von Mühlhausen, welcher denselben zu sichern und durch Patrouillen die nördlich vorliegenden Waldungen zu überwachen hat.

                                                    Z.
                                          General-Major.

———

Demnächst erfolgte in gleicher Weise die Information für die dem Ost-Detachement zugetheilten Offiziere.

Die für dieses Detachement ausgegebene Spezial-Idee, sowie die sonstigen Notizen bestanden in Folgendem:

1. Spezial-Idee für das Ost-Detachement.

Die Kavallerie - Division ist am 18. September mit ihrer Avantgarde bis Mehlsack, mit ihrem Gros nach Plauthen und Umgegend gelangt.*)

Ihre Aufgabe lautet:

Dem abziehenden Feinde unausgesetzt zu folgen und ihn womöglich über die Weichsel zurückzudrücken.

Vom Gegner, dessen letzte Abtheilungen an der Passarge stehen, hat man erfahren, daß sein Gros in der ungefähren Stärke von 8000 Mann aller Waffen am 16. Morgens von Mehlsack in westlicher Richtung aufgebrochen ist.

Ordre do bataille der Kavallerie-Division.

1. **Brigade:** Kürassier-Regiment Nr. 1.
     Ulanen-Regiment Nr. 2.
2. **Brigade:** Dragoner-Regiment Nr. 3.
     Dragoner-Regiment Nr. 4.
3. **Brigade:** Husaren-Regiment Nr. 5.
     Husaren-Regiment Nr. 6.

Reitende Abtheilung: 1., 2. und 3. reitende Batterie.
Kombinirte Munitions-Kolonne. Verpflegungs-Kolonne Nr. 1.
NB. Das Regiment à 4 Eskadrons, die Batterie à 6 Geschütze.

2. Dislokation der Ost-Division in der Nacht vom 18. zum 19. September.

 1. **Vorgeschobene Abtheilungen.**
  1. Eskadron Dragoner-Regiments Nr. 3. Packhausen.
  4. Eskadron Dragoner-Regiments Nr. 3. Bornitt.
  4. Eskadron Dragoner-Regiments Nr. 4. Wormditt.

 2. **Avantgarde.** (Dragoner-Brigade.)
  2. und 3. Eskadron Dragoner-Regiments Nr. 3. Bornitt.
  1., 2. und 3. Eskadron Dragoner-Regiments
  Nr. 4.   } Mehlsack.
  1. reitende Batterie.

---

*) Plauthen liegt etwa 1½ Meilen östlich Mehlsack.

3. Gros der Division.

Schwere Brigade ⎫ in den Ortschaften 1½ Meilen
Husaren-Brigade ⎬ östlich und nordöstlich von
2. und 3. reitende Batterie ⎭ Mehlsack.

4. Divisions-Stabs-Quartier: Plauthen.

3. Nachrichten über den Feind, welche am Nachmittage und am Abend des 18. September beim Gros der Division eingegangen sind:

Der Feind hält mit circa 2 Eskadrons Dragoner die Fuhrten bei Baarden und den Uebergang bei Spanden, sowie die bei letzterem Dorfe auf dem rechten Ufer befindliche Schanze besetzt. Bei Alten zeigen sich feindliche Husaren-Patrouillen.

4. Befehl der Kavallerie-Division für den 19. September.

Ost-Detachement.   Plauthen, den 18. September,
Kavallerie-Division.   9 Uhr Nachm.

Divisions-Befehl.

Die Fühlung mit dem Feinde ist heute an der Passarge gewonnen worden. Der Gegner zeigte ca. 2 Eskadrons Dragoner an den Fuhrten bei Baarden und dem Uebergang bei Spanden, an letzterem Punkte war die auf dem rechten Ufer befindliche Schanze von ihm besetzt. Bei Alten — (Straße Wormditt — Pr.-Holland) — sind Husaren-Patrouillen bemerkt worden.

Die Division wird morgen, den 19., gegen die Passarge vorgehen und sich eines Uebergangs-Punktes über dieselbe zu bemächtigen suchen.

Die Dragoner-Brigade sucht, nach sorgfältiger Rekognoszirung, einen Uebergang zwischen Rawusen und Schoenaich zu gewinnen.

Die schwere und die Husaren-Brigade, sowie die reitende Abtheilung (2. und 3. Batterie) stehen um 8½ Uhr Vorm. bei Mehlsack, woselbst sie weitere Befehle erwarten.

Trains und Bagage stehen um 9 Uhr bei X. (1 Meile nordöstlich Mehlsack.)   A.

General-Lieutenant.

Bemerkung. Die detachirten Eskadrons erhalten Kenntniß von der vorliegenden Absicht und sollen, namentlich die beiden auf den Flügeln in Packhausen und Wormditt befindlichen, bemüht sein, frühzeitig über die Passarge zu gelangen und auf dem linken Ufer derselben einen Einblick in die Verhältnisse beim Gegner zu gewinnen, sowie nach Kräften demselben zu schaden.

Speziell wurde die Eskadron bei Wormditt angewiesen, sich in den Besitz der Passarge-Brücke zu setzen.

Für sämmtliche Offiziere wurde demnächst für den folgenden Tag, den 19. September, das Rendezvous um 8½ Uhr Vorm. an dem ca. 2000 Schritte von Mühlhausen entfernt liegenden Bahnhof bestimmt. Ein Sekonde-Lieutenant des West-Detachements, sowie ein Premier-Lieutenant des Ost-Detachements hatten sich bereits vorher um 7¾ Uhr in Mühlhausen beim Leitenden zu melden.

Zweiter Uebungstag. (19. September.)

Ritt von Mühlhausen über Baarden in die neuen Quartiere Schlodien und Spanden.

(Erster Operationstag. *)

Die eben erwähnten beiden Offiziere erhielten einzeln noch in Mühlhausen folgende Aufträge diktirt:

1. Der Offizier des West-Detachements.

Sekonde-Lieutenant A. erhält in Herrendorf am Morgen des 19. September (erster Operationstag), um 6 Uhr Vorm., auf Grund der allgemeinen Lage, Befehl, mit einem Zuge der 3. Eskadron des Husaren-Regiments die Sicherung des Bahnhofes Mühlhausen zu übernehmen, während die Brigade von Neumark und Fürstenau auf Baarden vormarschiren wird.

Sein Regiments-Kommandeur erwartete schriftliche Meldung über die Besetzung des Bahnhofes und die getroffenen Anordnungen.

2. Der Offizier des Ost-Detachements.

Die in Packhausen am 18. September eingetroffene 1. Eskadron des Dragoner-Regiments Nr. 3 hat vor sich nichts vom Feinde gefunden und ist noch am Abend dieses Tages bis an die Passarge unterhalb Borchertsdorf gerückt. Hier geht in der Nacht zum 19. der (bereits gestern mitgetheilte) Divisions-Befehl ein, wonach die Eskadron die Passarge überschreiten und Einblick in die Verhältnisse beim Gegner gewinnen soll. In Folge dessen ist Premier-Lieutenant B. mit der Eskadron am Morgen des 19. (erster Operationstag)

*) Es muß im Allgemeinen ein Unterschied zwischen Uebungs- und Operationstagen gemacht werden. Die erstere Bezeichnung umfaßt die einzelnen Tage während der Dauer der Reise, die letztere bezieht sich auf die supponirten Operationen, so daß sich ein Operationstag auf mehrere Uebungstage ausdehnen kann. Es ist daher vorzuziehen, bei den Aufgaben die Bezeichnung nach Operationstagen festzuhalten, indem so die Zusammengehörigkeit mehr gewahrt und die Orientirung erleichtert wird.

aufgebrochen und durch die Waldungen bis Ebersbach gelangt. Hier stößt er um 8 Uhr Vorm. zuerst auf eine feindliche Husaren-Patrouille und erfährt durch einen Gefangenen, daß der Bahnhof von Mühlhausen von etwa 40 Husaren besetzt sei.

Meldung an die Brigade hierüber und über die weiteren Absichten.

Beide Offiziere eilten in das betreffende Terrain voraus und waren um 8½ Uhr sämmtliche Theilnehmer an der Uebungs-Reise am Bahnhofe von Mühlhausen versammelt.

Es leuchtet ein, daß die Besprechung dieser Aufgaben in Gegenwart aller Offiziere stattfinden konnte, ohne daß hierdurch die späteren Aufgaben beeinflußt wurden, nur mußte zunächst Premier-Lieutenant B. sich einige Schritte entfernen, so lange die Verhältnisse bei der Besetzung des Bahnhofes zur Sprache kamen.

Zur Erläuterung des Planes sei bemerkt, daß der sehr kleine Bahnhof mit seinen wenigen Baulichkeiten und abschließenden Hecken sich in der Form eines Rechtecks von den ihn begrenzenden Wegen und umgebenden Feldern abhebt. An der langen westlichen, theilweise von einem tiefen Graben begrenzten Seite desselben befindet sich das zweistöckige massive Stations-Gebäude, aus dessen obersten Stockwerken das Terrain nördlich nur bis an die nahe vorliegenden Waldungen, sonst aber ziemlich weithin zu übersehen ist. Südlich vom Stations-Gebäude, wenige Schritte von ihm getrennt, befindet sich ein offener hölzerner Schuppen von etwa 40 Schritt Länge. An der nördlichen schmalen Seite ist ein kleines Garten-Häuschen und theilweise eine unbedeutende Hecke. Auf der östlichen Seite befindet sich die Pumpstation und lagen einige in der Reparatur begriffene Wagen mit abgenommenen Rädern; die südliche Seite ist offen.

Die vom Sekonde-Lieutenant A. überreichte Meldung lautete:

West-Detachement.	Ab: den ersten Operationstag
4. Zug der 3. Esk.	7 Uhr Vorm.
Hus.-Regts. Nr. 1.	Abgangsort: Bahnhof Mühlhausen.

Erste Meldung.

Der Zug hat um 6½ Uhr den Bahnhof besetzt. Zwei Patrouillen à 3 Pferde sind nördlich längs der Eisenbahn und auf Ebersbach vorgeschickt; ein Posten vor dem Gewehr und ein Mann zur Beobachtung im obersten Stockwerke. Zum vorläufigen Festhalten der Umfassung werden ein nördlich gelegenes Garten-Häuschen und zwei an der östlichen Lisiere umgestürzt liegende Wagen benutzt, zu deren Besetzung 12 Husaren bestimmt sind. Das Stations-Gebäude wird zur energischen Vertheidigung eingerichtet und von dem Rest des Zuges, exkl. Pferdehalter, besetzt; die Pferde sind in dem südlich des Gebäudes gelegenen Schuppen untergebracht.*)

A.
Sekonde-Lieutenant.

Die theils geschriebene, theils vorher gedruckte Adresse auf dem Kouvert lautete:**)

West-Detachement.

An

das Husaren-Regiment Nr. 1
auf dem Wege
Fürstenau—Baarden.

Tempo: xx.
Abgegangen: 7 Uhr 4 Min. Vorm.
Angekommen:

Das Kouvert ist dem Ueberbringer zurückzugeben.

Es gelangten hierauf zunächst die Details der Vertheidigungs-Einrichtung zur Besprechung und zwar in der Reihenfolge, in welcher dieselben in Angriff genommen werden sollten. Der hauptsächlichste Werth mußte, bei der mangelhaften Beschaffenheit der Umfassung auf die Einrichtung des Stations-Gebäudes und zwar der untersten Etage, um zunächst jedes Eindringen zu verhüten, gelegt werden. Die dauernde Besetzung des Gebäudes konnte nur gut geheißen werden, es mußte aber dafür Sorge getragen werden, daß die außerhalb postirten 12 Mann ihren Abzug in das Haus gesichert und ohne daß der Feind nachzudringen vermochte, ausführen konnten. In zweiter Linie lag die Verstärkung der Umfassung. Vom Garten-Häuschen und den umgestürzten Waggons beherrschte man das umliegende Terrain in ausreichender Weise; es kam darauf an, Schießscharten herzustellen und durch kleine Erd-Anschüttungen bessere Deckungen zu schaffen. Handwerkszeug und Material für alle

---

*) Der Zug war inkl. Unteroffiziere zu 35 Pferden angenommen.

**) Bei allen derartigen Meldungen empfiehlt es sich, bei der Uebungs-Reise zur schnelleren Orientirung für den Leitenden, sowohl auf der Adresse, wie auf der Meldung selbst das bezügliche Detachement (hier also West-Detachement) angeben zu lassen.

nöthigen Arbeiten fanden sich auf dem Bahnhofe in hinreichender Weise. Die Pumpstation konnte ihrer Beschaffenheit wegen nicht benutzt werden.

Von großer Wichtigkeit war ferner die Unterbringung der Pferde. Man mußte sich darüber klar werden, ob diese bei einem etwaigen Angriffe in dem Schuppen verbleiben oder auswärts ihren Platz angewiesen erhalten sollten. Vor Allem hing dies davon ab, wie weit die Vertheidigung durchgeführt werden sollte, ob man den Punkt bis zum letzten Mann behaupten wollte, oder wenn man einem Angriff des Feindes sich nicht mehr gewachsen fühlte, ob und in welcher Richtung der Rückzug auszuführen war. Abgesehen davon, daß in letzterer Lage bei der Vertheidigung eines voraussichtlich von mehreren Seiten angegriffenen Gehöftes ein Entkommen kaum denkbar erschien, sagte der Befehl positiv: daß der Bahnhof gesichert werden sollte. Derselbe mußte daher bis auf den letzten Mann vertheidigt werden und konnte dies um so eher geschehen, als eine Unterstützung durch das Gros der Brigade bei rechtzeitiger Meldung dorthin in Aussicht stand.

Um die weiteren Anordnungen des Lieutenants A. zu erkennen, wurde ihm folgende Notiz gegeben:

„Um 7 Uhr hat die Brigade den Vormarsch von Fürstenau auf Baarden angetreten. Um 8 Uhr 20 Min. Vorm. meldet eine vom Zuge in Richtung westlich Ebersbach vorgesandte Patrouille von 3 Pferden, daß sie daselbst auf eine von U. F. Födersdorf vortrabende feindliche Eskadron gestoßen sei. Welche Anordnungen trifft Lieutenant A.?

Es wurde diesem Offizier die erforderliche Zeit gewährt und inzwischen die ersten Anordnungen seines Gegners angehört und durchsprochen.

Des besseren Verständnisses wegen sei bereits hier vorgreifend bemerkt, daß einige Minuten später Lieutenant A. folgende Melde-Karten überreichte:

1) Adresse: West-Detachement.

Zur Kenntniß des nächsten Truppentheiles und demnächstige Weiterbeförderung an die 1. Kavallerie-Brigade.

Tempo: xxx.

Abgegangen: 8 Uhr 25 Min Vorm.

Angekommen:

Das Kouvert ist dem Ueberbringer zurückzugeben.

(Inhalt der Meldung.)

West-Detachement.   Ab: den ersten Operationstag
4. Zug der 3. Est.   8 Uhr 25 Min. Vorm.
Huf.-Regts. Nr. 1.   Abgangsort: Bahnhof Mühlhausen.

Zweite Meldung.

Die auf Ebersbach vorgesandte Patrouille meldet soeben, daß sie westlich des Dorfes auf eine feindliche Eskadron gestoßen sei, welche von U. F. Födersdorf her im Vormarsch. — Ich werde den Bahnhof auf das Aeußerste halten und habe die Pferde auf Mühlhausen zum Train der Brigade zurückgeschickt. Letzterer ist von Annäherung des Feindes benachrichtigt. Um möglichst schleunige Unterstützung wird ersucht.   A.

          Lieutenant.

Mündlich bemerkte Lieutenant A. hierzu, daß er die Meldung durch 2 Mann überbringen ließe, welche angewiesen würden, über Herrendorf und Neumark die Brigade bei Baarden aufzusuchen, eventuell südlich dieses Weges dorthin zu reiten. Stießen sie früher auf eine Eskadron oder größere Abtheilung der Brigade, so wäre derselben Einsicht von der Meldung zu geben und demnächst die Brigade aufzusuchen.

Ferner erging
2) Mittheilung an die bei Mühlhausen zusammengezogenen Bagagen:

4. Zug, 3. Est.   Ab: den ersten Operationstag
Huf.-Regts. Nr. 1.   9 Uhr 30 Min.
      Abgangsort: Bahnhof Mühlhausen.

Eine feindliche Eskadron ist im Anmarsch von Ebersbach gemeldet. Ich werde den Bahnhof vertheidigen. Meldung hierüber der Brigade nachgesandt.   A.

          Lieutenant.

Inzwischen hatte Premier-Lieutenant B. den ihm gewordenen Auftrag folgendermaßen schriftlich erledigt:

Adresse: Ost-Detachement.

  An
     die 1. Dragoner-Brigade,

Tempo: xxx.
Abgegangen: 8 Uhr 25 Min. Vorm.   zu erfragen:
Angekommen: in Wölken oder Vornitt.

   Das Kouvert ist dem Ueberbringer zurückzugeben.

Inhalt: Ost-Detachement.   Ab: den ersten Operationstag
Detach. 1. Eskadron   8 Uhr 25 Min. Vorm.
Dragoner-Regts. Nr. 3.   Abgangsort: Höhe südw. Ebersbach.

Die Eskadron hat die Passarge unterhalb Borchertsdorf überschritten und ist, durch die Waldungen bis Ebersbach vorgehend,
soeben auf eine feindliche Husaren-Patrouille gestoßen. Ein Ge-
fangener sagt aus, daß Bahnhof Mühlhausen von ca. 40 Husaren
besetzt sei. Werde in Richtung auf denselben vorgehen und wenn
ich sonst nichts vom Feinde entdecke, mich in den Besitz desselben
zu setzen suchen.   B.

                                     Premier-Lieutenant.

Ueber die Formation und den einzuschlagenden Weg befragt,
giebt dieser Offizier an:

„Die Eskadron verfolgt den Weg von Ebersbach auf Herrendorf bis an die Stelle, wo derselbe aus dem Födersdorfer Walde
heraustritt. Von dort wendet sie sich gedeckt längs der südlichen
Lisiere dieses Waldes, um in die Nähe des Bahnhofes zu gelangen.
Ein Zug in der Avantgarde, ein halber Zug als linke Flankendeckung, zur Sicherung der rechten Flanke drei Pferde; das Gros
300 Schritt hinter der Avantgarde. Patrouillen von letzterer auf
Herrendorf, von der linken Flankendeckung auf Neumark, um festzustellen, ob dort etwas vom Feinde zu erfahren sei." —

Vom Versammlungspunkte am Bahnhofe aus konnte man die
Stelle sehen, wo der Ebersbacher Weg aus dem Födersdorfer Forst
heraustritt. Der Leitende erklärte dem Premier-Lieutenant B. die
Lage dahin, daß seine Eskadron an erwähntem Punkte angelangt sei
und die vorbefindliche Spitze um 8 Uhr 40 Min. bemerke, daß der
Bahnhof thatsächlich besetzt sei. Die auf Herrendorf entsandte Patrouille habe erfahren, daß vor etwa anderthalb Stunden eine stärkere
Kavalleriemasse mit mehreren Geschützen das Dorf passirt habe und
in östlicher Richtung auf der Chaussee weitergetrabt sei.

Premier-Lieutenant B. entschloß sich unter diesen Verhältnissen,
sich womöglich in den Besitz des Bahnhofes zu setzen, um denselben
zu zerstören; er verfügte über seine Eskadron zu diesem Zwecke
folgendermaßen:

„Der Bahnhof wird von Norden längs der Eisenbahn, und
im Osten von Herrendorf aus gleichzeitig durch je einen abgesessenen Zug (Avantgarden [4.] und 1. Zug) angegriffen. Der

Angriff geht von dem kleinen Wiesenstreifen aus, welcher die Station auf dieser Seite umgiebt. Der Rest der Eskadron bleibt vorläufig hinter einer an der Eisenbahn befindlichen kleinen Höhe gedeckt zu Pferde in Reserve, um namentlich bei einem etwaigen Rückzuge des Feindes auf Mühlhausen rechtzeitig bei der Hand zu sein. Gefechts-Patrouillen sichern beide Flanken." —

Gegen den umfassenden Angriff war nichts einzuwenden, doch wurde die Situation anderweitig durch den Leitenden insofern geändert, als derselbe dem Premier-Lieutenant B. mittheilte:

„Noch bevor der Angriff erfolgt, gewinnen Sie durch persönliche Rekognoszirung die Ueberzeugung, daß die Besetzung des Bahnhofes zwar keine sehr bedeutende ist, der Angriff jedoch bei der Beschaffenheit des Stationsgebäudes, welches in Vertheidigungszustand gesetzt ist, eine sehr schwierige sein würde. Inzwischen meldet die nach rechts entsandte Gefechts-Patrouille, daß dicht westlich Mühlhausen eine größere Anzahl von Wagen — anscheinend Trains — versammelt ständen und daß von dort aus eine Kürassier-Patrouille von circa zehn Pferden ihr entgegenkäme." —

Premier-Lieutenant B. erklärte, daß er bei dieser veränderten Lage von einem Angriffe des Bahnhofes Abstand nehme, dagegen folgende Anordnungen träfe:

„Der 4. Zug besetzt den Födersdorfer Wald an der Stelle, wo die Eisenbahn in denselben eintritt und zerstört daselbst die Bahn und den Telegraphen. Der Rest der Eskadron, einem Zug als Avantgarde 300 Schritt voraus, überschreitet die Eisenbahn und richtet sich, Mühlhausen nördlich umgehend, gegen die feindlichen Trains. Für den Fall, daß die Eskadron auseinander käme, wird die beim Anmarsch berührte und daher bekannte U. F. Födersdorf (nördlich Ebersbach) als Sammelpunkt bestimmt." —

Zur Besprechung im Quartier wurde für den Ruhetag noch die Frage in Aussicht genommen, ob es bei der vorletzten Aufgabe der Dragoner-Eskadron des Ost-Detachements nicht besser gewesen wäre, den Angriff auf den Bahnhof überhaupt zu unterlassen und sich mit Zerstörung der Bahn und des Telegraphen nördlich der Station zu begnügen. Jedenfalls befand man sich auf einem Terrain, welches der Gegner nach der allgemeinen Lage noch beherrschte, auch war man über denselben noch nicht ausreichend aufgeklärt. Der Besitz des Bahnhofes war voraussichtlich nur unter größeren Opfern zu erlangen, eine dauernde Festhaltung desselben vorläufig unausführbar

und überdies lief man Gefahr, daß noch während des Gefechtes überlegene feindliche Abtheilungen durch dasselbe angezogen werden konnten.
Die Störung des Bahnbetriebes ließ sich auch auf andere Weise
erreichen.

Es bot diese Aufgabe erwünschte Gelegenheit, sich später über
das Verhalten solcher Abtheilungen auszusprechen, die, wie die bezügliche Dragoner-Eskadron des Ost-Detachements, Gelegenheit finden,
einen Flügel der vordersten feindlichen Linie zu umgehen. Auch hierbei
ist der vornehmlichste Zweck: Aufklärung über die Lage beim Gegner
zu verschaffen und einen Einblick hinter den deckenden Schleier seiner
vordersten Abtheilungen zu gewinnen. Kann man durch das unerwartete Auftreten hierbei dem Gegner Schaden bereiten, desto besser;
immerhin wird man aber in diesem isolirten Verhältniß ernstere Gefechte möglichst zu vermeiden haben.

Schließlich bot der Aufenthalt am Bahnhofe noch Veranlassung,
die verschiedenen Ansichten über die Zerstörung desselben zu hören.
Bei der hier vorgeführten Lage kam sowohl die flüchtige, wie gründliche Zerstörung der Station, und die Störung der telegraphischen
Verbindung im Detail zur Sprache, auch wurde festgestellt, wo resp.
wie in Betracht der zuletzt für das Ost-Detachement gestellten Aufgabe die Zerstörung der Bahn außerhalb der Station am geeignetsten
stattzufinden habe.

Hiermit waren die Aufträge am Bahnhof Mühlhausen erledigt,
nur muß noch hinzugefügt werden, daß die betreffenden Offiziere den
größten Theil der mündlich besprochenen Verhältnisse ebenfalls in
Form von Meldungen nachträglich noch auf dem Felde schriftlich auf-
zusetzen hatten.

Demnächst wurden drei Offiziere mit neuen Aufgaben vorausgeschickt und als nächster Versammlungspunkt die Höhe östlich Neumark
bestimmt, wohin sich auch die übrigen Theilnehmer begaben.

Die neu gestellten Aufträge, welche hier zur Besprechung gelangten, lauteten:

1. Für einen Rittmeister des West-Detachements.

„Die 1. und 2. Eskadron des Dragoner-Regiments liegen
am 19. früh in Neumark, die 3. Eskadron in Fürstenau. Letztere
meldet um 4³/₄ Uhr Vorm., daß der Feind die Passarge überraschend überschritten, die bei Baarden befindliche Eskadron nach
Süden abgedrängt habe und mit etwa sechs Eskadrons im An-

marſch über Seepothen ſei. Anordnungen des Kommandeurs des
Dragoner-Regiments." —

Der Auftrag wurde mit folgender Meldung an die 1. Kavallerie-
Brigade erfüllt: *)

West-Detachement.   Ab: den erſten Operationstag
Dragoner-Regt. Nr. 1.   4³/₄ Uhr Vorm.
                Abgangsort: Neumark.

Die Avantgarden-Eskadron in Fürſtenau meldet ſoeben, daß
der Feind die Paſſarge überſchritten, die detachirte Eskadron bei
Baarden nach Süden abgedrängt habe und mit etwa ſechs Eskadrons
im Anmarſch über Seepothen ſei. Die 3. Eskadron des Regiments
hat Befehl erhalten, die weiteren Bewegungen des Gegners zu
beobachten, die 1. und 2. Eskadron beſetzen Neumark und werden
das Dorf vertheidigen, um der Brigade Zeit zur Verſammlung zu
verſchaffen.   C.
                   Rittmeiſter.

Es kam in Bezug hierauf zunächſt zur Sprache, in welcher
Weiſe die Beſetzung Neumarks erfolgen ſollte.

Die betreffenden Anordnungen des Rittmeiſters C. lauteten:

„Die 1. Eskadron beſetzt mit einem abgeſeſſenen Zuge das
ſteinerne Wirthshaus am Defilee der großen Straße und ſchickt
einige Schützen bis auf die öſtlich vorliegende Höhe; ein zweiter
Zug beſetzt die 400 Schritt nördlich der Chauſſee über die Liſiere
hervorſpringenden beiden großen Scheunen. Von der 2. Eskadron
beſetzt ein Zug die maſſiven Gehöfte der Nordoſt-Ecke des Dorfes.

Der Reſt beider Eskadrons — 5 Züge — nimmt hinter der
Mitte der weſtlichen Umfaſſung als Reſerve eine gedeckte Auf-
ſtellung. Beobachtungs-Patrouillen nördlich und ſüdlich des
Dorfes." —

Man hatte die Wahl gehabt, dem anrückenden Feinde ſich ent-
gegenzuwerfen, oder langſam vor ihm zurückzuweichen, oder man
mußte ihn an einem günſtigen Terrainabſchnitt aufzuhalten ſuchen.
Bei der bereits feſtgeſtellten Ueberlegenheit des Gegners und da
Alles darauf ankam, der weiter rückwärts kantonnirenden Brigade
Zeit zur Verſammlung zu verſchaffen, erſchien letzteres Verfahren

---

*) Von den auf die Adreſſe bezüglichen ſpeziellen Bezeichnungen wird,
nachdem ſolche bereits mehrfach angeführt ſind, von jetzt an hier abgeſehen
werden.

als das Richtigste. Der Abschnitt von Neumark erwies sich in dieser Beziehung bei genauer Rekognoszirung als besonders geeignet.

Es erschien dabei ferner sehr angemessen, daß bei der großen Ausdehnung des Dorfes von einer vollständigen Besetzung der östlichen Umfassung Abstand genommen war und statt dessen nur ein Festsetzen in den bedeutendsten in ihr liegenden Gehöften stattgefunden hatte, von welchen aus man den ganzen übrigen Theil der Umfassung unter Feuer hielt. Die Reserve war bereit an denjenigen Punkten, welche im Laufe des Gefechts von Wichtigkeit werden konnten, Verstärkung zu bringen, vor Allem aber war ihre Aufgabe, einer etwaigen Umgehung des Feindes entgegenzutreten. Im Uebrigen mußte das Eintreffen der Eskadron aus Fürstenau die Reserve bis auf neun Züge verstärken.

Die zweite und dritte Aufgabe waren der Situation des Ost-Detachements entnommen.

2. Für einen Lieutenant des Ost-Detachements.

„Die Dragoner-Brigade hat am 19. früh die Passarge überschritten, eine feindliche Eskadron nach Süden abgedrängt und ihren Marsch auf Mühlhausen fortgesetzt. Bei Fürstenau stieß man hierbei auf eine zweite feindliche Eskadron, welche eilig bis hinter Neumark zurückwich. Ein der Dragoner-Brigade mit einigen Pferden zum Rekognosziren vorausgesandter Offizier, welcher südlich der Straße längs der Waldlisiere vorgeritten war, hat auf etwa 800 Schritt vom letztgenannten Dorfe Gewehrfeuer von der östlich desselben gelegenen nächsten Kuppe erhalten. Er bemerkt ferner, daß die Ostlisiere von Neumark besetzt ist und daß hinter dem Dorfe einige geschlossene Kavallerie-Abtheilungen halten, deren Stärke sich jedoch nicht recht übersehen läßt. Welche Meldungen wird der Offizier zurückschicken?“

Es wurde dem Offizier aufgetragen, durch Neumark zu reiten und östlich des Dorfes sich auf mindestens 600 Schritt von demselben, sowie von dem nach Ebersbach führenden Wege entfernt zu halten.*)

*) Es wird, wie hier, nicht immer zu vermeiden sein, daß die mit einem Auftrage vorausgeschickten Offiziere ein Terrain durchschreiten, welches sie ihrer Aufgabe gemäß eigentlich nicht betreten dürften. In solchen Fällen empfiehlt es sich, daß der Leitende den Auftrag bereits vorher niederschreibt und ihn dem betreffenden Offizier versiegelt mit der Weisung übergiebt, das Couvert erst an einer bestimmten Stelle zu öffnen; im vorliegenden Falle also erst 800 Schritt östlich Neumark, oder daß der Beauftragte mittelst eines Umweges in sein Terrain geschickt wird.

Der betreffende Offizier gab auf dem Rendezvous zwei Meldungen ab. Die erste lautete:

Ost-Detachement.　　Ab: den ersten Operationstag 5 Uhr Vorm.
Abgangsort: Südlich der Chaussee,
800 Schritt östlich Neumark.

Erste Meldung des Premier-Lieutenants D.

Die östliche Umfassung von Neumark, sowie die Höhe an der Chaussee, dicht vor dem Dorfe, sind besetzt, ich habe von letzterer soeben Feuer erhalten. Hinter dem Dorfe sind mehrere Kavallerie-Abtheilungen sichtbar, deren Stärke sich noch nicht erkennen läßt, jedoch scheint der Feind den starken Abschnitt halten zu wollen. Umgehung südlich hat wegen des sehr dichten Waldes und des durch diesen, wie durch einen tief eingeschnittenen Bach sehr beschränkten Terrains große Schwierigkeiten. Ich begebe mich nördlich zur Rekognoszirung des Terrains zwischen Neumark und Ebersbach und werde von dort aus weiter melden.

D.

Ost-Detachement.　　Ab: den ersten Operationstag
5 Uhr 10 Min. Vorm.
Abgangsort: 1000 Schritt nordöstlich Neumark.

Zweite Meldung des Premier-Lieutenants D.

Das Terrain zwischen Neumark und den nordöstlich befindlichen Ausbauten enthält zwar einige sumpfige Wiesenstellen, gestattet jedoch das Vorgehen der Brigade zur Umgehung von Neumark. Die gegen Neumark sich hinziehenden Höhen begünstigen eine gedeckte Annäherung an diesen Punkt.　　D.

Es konnte hierbei nur darauf hingewiesen werden, wie Offiziere, mit derartigen Aufträgen betraut, nicht nur Nachrichten vom Feinde beizubringen haben, sondern auch ihre Rekognoszirung stets auf die Terrain-Verhältnisse ausdehnen und gleichzeitig berichten müssen, wie dem Gegner am besten beizukommen ist.

Die dritte, hier zur Besprechung gelangende Aufgabe war einem Rittmeister des Ost-Detachements gestellt worden und griff auf die detachirte Dragoner-Eskadron zurück, welche am Morgen des 19. den rechten Flügel des West-Detachements umfassen sollte. Dieselbe lautete:

„Die 1. Eskadron des Dragoner-Regiments Nr. 3 hat nach ihrem Ueberschreiten der Passarge unterhalb Borchertsdorf die vorliegende Waldung durchritten, ist bei der U. J. Födersdorf in's Freie getreten und hat Ebersbach erreicht. Hier melden die vorausgehenden Patrouillen um 7¾ Uhr, daß eine größere Kavallerie-Masse, darunter Kürassiere, nebst einer Batterie auf der Chaussee von Neumark auf Fürstenau vortrabt und ihre Tete soeben letzteren Ort erreicht hat. Verhalten der Eskadron bei Ebersbach und weitere Absichten derselben." —

In Bezug auf das Terrain, welches von der Höhe östlich Neumark völlig zu übersehen war, ist zu bemerken, daß die Chaussee nach Fürstenau theilweise über einen kleinen Höhenrücken fortführt und daher von Weitem gesehen wird. Dagegen liegt Ebersbach nördlich einer zweiten Boden-Erhebung derartig in der Tiefe, daß von der Chaussee aus nur die Dächer des Dorfes zu erblicken sind.

Rittmeister E. meldete, daß er die Eskadron verdeckt östlich von Ebersbach aufstelle, die vorbefindlichen Patrouillen dorthin zurückzöge und die Ausgänge des Dorfes besetze, um zu verhindern, daß dem Gegner irgend welche Nachricht zukomme. Die weitere Beobachtung wird vom Rittmeister und noch einem Offizier von der vorliegenden Erhebung aus und unter sorgfältiger Deckung fortgesetzt. Ueber die weiteren Absichten sprach sich eine gleichzeitig dem Leitenden übergebene Meldung aus.

Ost-Detachement.
1. Eskadron Dragoner-Regts. Nr. 3.

Ab: den ersten Operationstag
7 Uhr 50 Vorm.
Abgangsort: Ebersbach.

1. Meldung.

Eskadron bei Ebersbach angelangt. Auf der Chaussee von Mühlhausen größere Kavallerie-Masse im Vormarsch, darunter Kürassiere und eine reitende Batterie, ihre Tete soeben bei Fürstenau. Eskadron wird längs der Lisiere der Waldungen östlich Ebersbach gedeckt sich Lauck nähern, um bei einem etwaigen Gefecht an der Passarge zum Eingreifen bereit zu sein und inzwischen die weiteren Bewegungen des Feindes beobachten. E.

Allerdings kam es nun darauf an, dem Gegner die eigene Anwesenheit möglichst zu verbergen, um ungestört die weitere Beobachtung fortzusetzen, und da man wußte, daß die Dragoner-Brigade des Ost-Detachements die Passarge überschreiten wollte, bei einem etwaigen

Zusammenstoß derselben mit dem soeben entdeckten Gegner rechtzeitig bei der Hand zu sein.

Als weitere Uebung wurde an dieser Stelle noch das Feststellen der Stärke des im Vormarsch befindlichen Gros der Kavallerie des West-Detachements durch die detachirte Eskadron des Ost-Detachements besprochen. Hierzu wurden die nöthigen Angaben für die Beobachtung gegeben:

Die Kolonne auf der Chaussee reitet Trab; ihre Tete erreicht 7 Uhr 48 Min. den westlichen Eingang von Fürstenau. Bei der Entfernung läßt sich von Ebersbach aus nicht deutlich erkennen, ob die vorderste Abtheilung Dragoner oder Husaren sind, indeß erreicht die Queue den Eingang um 7 Uhr 50 Min. Ihr folgt Artillerie, deren Queue nach ferneren zwei Minuten (7 Uhr 52 Min.) ebenfalls in das Dorf eintritt und dieser eine größere Kolonne Kürassiere, welche fast drei Minuten brauchte, um im Dorfe zu verschwinden.

Da Kavallerie im Trabe auf gutem Wege etwa 300 Schritt in der Minute zurücklegt, eine Eskadron aber eine Marschlänge von etwa 200, eine reitende Batterie eine solche von etwa 500 Schritt hat, so ergiebt sich Formation und Stärke der beobachteten Kolonne auf: 3 Eskadrons Dragoner oder Husaren, 1 reitende Batterie und 4 Eskadrons Kürassiere.*) Die detachirte Eskadron würde somit das Gros der vorgehenden Kavallerie des West-Detachements erblickt haben, wogegen das Avantgarden-Regiment derselben (3 Eskadrons Dragoner), bereits weiter vor befindlich, zur Zeit noch nicht bemerkt worden ist.

Die ganze Situation gab ferner noch Anlaß darauf hinzuweisen, wie beim West-Detachement das Vorschieben detachirter Eskadrons dem vorgehenden Gros noch nicht ausreichende Sicherheit für seine Bewegungen gewährte. Die Formation einer besonderen Avantgarde war nicht allein für dasselbe erforderlich, sondern hätte auch zur Sicherung in den Flanken und Aufklärung daselbst etwas geschehen müssen.

Zur Lösung der nächsten Aufgabe war ein Offizier nach Fürstenau vorausgeschickt worden. Sein Auftrag lautete:

West-Detachement.

Sicherheitsanordnungen der dritten Eskadron Dragoner-Regiments Nr. 1 auf Grund der Lage am 18. September Nachm.

---

*) Auf volle Kriegsstärken berechnet.

(4. Eskadron in Baarden und Spanden, 1. und 2. Eskadron in Neumark).

Die Anordnungen des Offiziers wurden an Ort und Stelle von diesem folgendermaßen erläutert:

1) Feldwache von 1 Offizier 30 Mann an dem Austritt der Chaussee nach Deutschendorf in Fürstenau. Von dieser ein Unteroffizierspoften bis an die Stelle, wo der Weg auf Seepothen abgeht, vorgeschoben, welcher einen Doppelpoften an den Straßenknoten stellt und einen Mann auf der Windmühle stationirt. Die Feldwache giebt ferner einen Doppelpoften am nördlichen Eingange von Fürstenau;

2) 1 Unteroffizier 12 Dragoner an dem Gehöft halbwegs zwischen Fürstenau und Friedrichshof zum Patrouilliren nach den nördlich gelegenen Waldungen und auf Lauck;

3) der Rest der Eskadron in Fürstenwille in Alarmquartiere, wobei die dort vorhandenen großen Scheunen die Unterbringung der Pferde besonders begünstigen;

4) vom Gros der Eskadron wird durch regelmäßigen Patrouillengang die Verbindung mit der vierten Eskadron in Baarden und Spanden unterhalten.

Zur weiteren Besprechung gelangten: Aufstellung in der Nacht und Verhalten beim Vordringen des Feindes. —

Der weitere Ritt führte in das Terrain, auf welchem sich die supponirten Gegner zunächst berühren mußten.

Von Fürstenau aus waren bereits ein dem Ost-Detachement zugetheilter Stabsoffizier, sowie ein Rittmeister des West-Detachements vorausgeschickt, und beiden noch einige Offiziere überwiesen worden. Als Rendezvous war die Fuhrt von Baarden bezeichnet.

Der Auftrag für den Rittmeister des West-Detachements bezog sich auf die vorgeschobene vierte Eskadron des Dragoner-Regiments, dieselbe steht vom 18. September Mittags an bei Baarden, ein Zug bei Spanden. Welche Anordnungen hat die Eskadron zu treffen, um sich über den Gegner in Kenntniß zu erhalten, sowie zu ihrer eigenen Sicherheit und ihr Verhalten beim Vordringen des Feindes? Die überwiesenen Offiziere sollten zur Rekognoszirung der Passarge bis auf ¼ Meile ober- und unterhalb von Baarden verwandt werden, speziell sollte einer derselben darüber Meldung erstatten, in welcher Weise die Fuhrt von Baarden am wirksamsten durch einen Zug zu ver-

theibigen sei, resp. welche Vertheidigungseinrichtungen in Baarden getroffen werden könnten.

Die Aufgabe für den Stabsoffizier lautete:

Ost-Detachement.

„Die Avantgarde des Ost-Detachements — 6 Eskadrons Dragoner und 1 reitende Batterie — soll versuchen, den Uebergang
bei Baarden, woselbst sich bis jetzt nur etwa eine feindliche Eskadron gezeigt hat, zu forciren, und daselbst einen festen Uebergang
herzustellen. Die Brücke von Spanden hat der Gegner zerstört,
den dortigen Uebergangspunkt stark besetzt. Rekognoszirung und
Vorschlag für die Brigade." —

Die zur Verfügung des Stabsoffiziers gestellten Offiziere sollten
ebenfalls zur Rekognoszirung der Passarge vom rechten Ufer aus,
oberhalb wie unterhalb auf ¼ Meile, verwandt werden, sowie zur
Aufsuchung des Brückenmaterials, Herstellen der Brücke und Durchführung des Gefechts der den Brückenschlag deckenden Eskadrons.

Hierbei sollte festgehalten werden, daß die Anwesenheit des Feindes
auf dem linken Ufer eine genaue Untersuchung des Flusses nicht
gestatte.

Beide Abtheilungen waren getrennt entsandt worden; die Rekognoszirung der Passarge auf ¼ Meile oberhalb wie unterhalb auf
beiden Ufern gewährte gleichzeitig eine Kontrole und konnten etwaige
Differenzen durch einen Ritt an Ort und Stelle von Baarden aus
zur Erledigung gelangen. (In Rücksicht auf die Stellung der Aufgabe für das Ost-Detachement kann auch hier auf das in der An-
merkung Seite 17 Gesagte Bezug genommen werden.)

Aus der größeren Anzahl der dem Leitenden auf dem Rendezvous
bei Baarden abgestatteten Meldungen seien hier nur einige spezieller
angeführt:

(An die Dragoner-Brigade.)

Ost-Detachement.　　　　Ab: 18. September 5 Uhr Nachm.*)

Abgangsort: Stigehnen.

Rekognoszirung der Passarge von der Fuhrt von Baarden bis
nördlich Stigehnen:

Das rechte Ufer überhöht von Baarden bis Stigehnen das
linke bedeutend, fällt aber im Allgemeinen so steil ab, daß die

---

*) Da der ganzen Lage gemäß, diese und mehrere der noch folgenden
Rekognoszirungen bereits vor dem ersten Operationstage stattgefunden haben
müssen, so ist hier, abweichend von den übrigen Meldungen, das bezügliche
Datum gesetzt worden.

Pferde nicht herunter geführt werden können, nur an der Mündung des Walschflusses ist dies zu ermöglichen. Am jenseitigen Ufer befindliche feindliche Flankeurs verhindern nähere Rekognoszirung der Passarge. Die Breite derselben schätze ich auf etwa 20—25 Fuß, die Tiefe soll nach Aussage der Einwohner in Stigehuen zur Zeit etwa drei Fuß betragen, der Grund an einigen Stellen morastig sein, doch sind außer der auf der Karte angegebenen Fuhrt noch zwei unterhalb derselben, etwa 500 und 1300 Schritt von ersterer entfernt, ihre Lage ist durch die Spuren von durchgetriebenem Vieh deutlich zu erkennen.

Das jenseitige Ufer steigt nur allmälig an, in der Nähe des Flusses hindern im Thalgrunde vielfache Zäune die Bewegung, Baarden bietet dem Gegner nur geringe Deckung.

Der Uebergang dürfte nur in der Nähe der Walschmündung zu ermöglichen sein. F.

Lieutenant.

In Folge von Bauten war Material zum Brückenschlag in Wusen reichlich vorhanden, als geeigneter Punkt ergab sich für denselben eine Stelle etwa 1000 Schritt südlich der Walschmündung, woselbst eine kleine Senkung von Wusen hinunterführte.

Anordnungen der Avantgarde als Meldung an den Kommandeur des Ost-Detachements:

Ost-Detachement. Ab: den 18. September 8 Uhr Nachm.
Dragoner-Brigade. Abgangsort: Bornitt.

Der Feind hält Baarden und die dort befindlichen drei Fuhrten mit etwa einer Eskadron Dragoner besetzt, seine Patrouillen beobachten den Fluß. Geeignete Uebergangsstelle ca. 1000 Schritt südlich der Walschmündung, Brückenmaterial in Wusen reichlich vorhanden. Werde daselbst den Uebergang ausführen. G.

Die Anordnungen behufs des Ueberganges wurden von dem betreffenden Stabsoffizier folgendermaßen vorgeschlagen:

„Eine Eskadron besetzt das Gehölz südlich Stigehnen und sucht dort die Aufmerksamkeit des Gegners abzuleiten, während die reitende Batterie auf der Höhe südlich der Mündung der Walsch abprotzt und Baarden beschießt.

Demnächst wird eine zweite Eskadron an der Uebergangsstelle absitzen und unter Zuhülfenahme von den aus Wusen herbeizuschaffenden langen Balken Mannschaften auf das linke Ufer werfen, welche sich in den dort befindlichen Weidengebüschen festzusetzen haben.

Eine dritte Eskadron schafft das Uebergangsmaterial aus Wusen herbei.

Der Rest der Brigade — 3 Eskadrons — nimmt unweit der Uebergangsstelle und der Batterie gedeckte Aufstellung." —

Beim West=Detachement waren von der 4. Eskadron des Dragoner=Regiments folgende Anordnungen getroffen worden:

West=Detachement.   Ab: den 18. September
Detach. 4. Eskadron Dragoner=   6 Uhr Nachm.
Regts. Nr. I.   Abgangsort: Baarden.

Der Feind hat die diesseitigen Patrouillen auf das linke Ufer zurückgedrängt.

Die Eskadron hat einen Zug nach Spanden detachirt mit dem Auftrage von dort aus Patrouillen gegen den Walschfluß und die Straße Bornitt—Wormditt vorzutreiben; nöthigenfalles ist die Brücke von Spanden zu zerstören.

Das Gros der Eskadron steht bei Baarden, ein Zug derselben hat die große Fuhrt zu vertheidigen. Diese, wie zwei andere nörd= lich von ihr befindlichen Fuhrten sind ungangbar gemacht.

Ein Offizier zehn Pferde sind nach „Schwarze Baum" ent= sandt mit dem Auftrage, von dort aus Patrouillen auf das rechte Ufer zu schicken und den rechten Flügel des Feindes umgehend, Einsicht in seine Lage zu erlangen.

Die Strecke: Schwarze Baum—Baarden wird durch Patrouillen beobachtet.

Die Eskadron beabsichtigt, einem etwaigen Uebergangsversuch des Gegners nach Kräften entgegenzutreten. Die Passarge gestattet einen Uebergang ohne Vorbereitung auf der angegebenen Strecke nicht, das jenseitige dominirende Terrain entzieht jedoch die Bewe= gungen des Feindes jeder Einsicht.   II.

An der Fuhrt von Baarden wurden die einzelnen Rekognos= zirungen, so wie die getroffenen Anordnungen besprochen; ferner kam hierbei zur Sprache: die Mittel, mit denen die Fuhrten ungangbar gemacht werden sollten, die Art und Weise, wie aus dem in Wusen vorhandenen Material ein Uebergang herzustellen war und die Auf= stellung der einzelnen Abtheilungen zum Fußgefecht.

Da hier die beiderseitigen Gegner aufeinander stießen, mußte eine Entscheidung erfolgen, auf Grund deren die Anordnungen für den folgenden Tag getroffen werden konnten. Es wurde daher angenommen, daß am ersten Operationstage (19. September) die von Mühlhausen in Anmarsch befindliche Kavallerie-Brigade, sobald sie Meldung vom Erscheinen stärkerer feindlicher Kräfte vor Baarden erhielt, ihre Avantgarde (3 Eskadrons Dragoner), verstärkt durch die reitende Batterie, zur Unterstützung dorthin beorderte. In Folge dieser Verstärkung stand die Avantgarde der Ost-Division von einem Uebergangsversuch daselbst ab.

Hierauf folgte die Fortsetzung des Rittes nach Schlobien. Es sei hier noch bemerkt, daß bei demselben, wie bei den früher zurückgelegten Strecken, Uebungen im Taxiren von Entfernung hervorragender Punkte, Aufsuchen derselben auf der Karte, so wie Schätzungen der Stärke supponirter Kolonnen und supponirter Bivouaksplätze vorgenommen wurden.

Ein nach Schlobien vorausgesandter Offizier hatte den Auftrag, daselbst den Bivouaksplatz für die Kavallerie-Brigade des West-Detachements auszuwählen.

West-Detachement.   Ab: den ersten Operationstag
                        9 Uhr Vorm.
                    Abgangsort: Schlobien.

Meldung über Bivouaksplätze für die Brigade.

Hart nordwestlich Schlobien ausreichender Raum für die ganze Brigade, der Platz ist jeder Einsicht entzogen, trocken, gewährt volle Bewegungsfreiheit, Wasser in Schlobien in einzelnen Seen hinreichend vorhanden. Fourage ebendaselbst sowie in Deutschendorf.

Zur Sicherung erforderlich: eine Feldwache im Panischen Walde an der Ostlisiere, mit einem Doppelposten unweit der Passarge und je einem Verbindungsposten an der nord- und südöstlichen Ecke des Waldes.

Patrouillen aus dem Gros nach Lauck, Spanden und über Döbern hinaus.   J.

Es kam hierbei noch zur Sprache, daß unter den obwaltenden Umständen füglich Schlobien und Deutschmannsdorf zur Unterbringung mit benutzt werden konnten; ersteres Rittergut bot für eine Nacht hinlänglich Raum für zwei Eskadrons, das große Deutschmannsdorf sogar für vier Eskadrons.

Wegen vorgerückter Zeit mußten nunmehr die Theilnehmer der

Reise in die Quartiere nach Schlobien und Spanden entlassen werden. Das Rendezvous wurde für den folgenden Tag um 8½ Uhr an der Brücke von Spanden festgesetzt.

———

Wie bereits bemerkt, gründete sich die Durchführung dieses ersten Uebungstages darauf, daß der Leitende die oberste Führung auf beiden Seiten übernahm. Der zweite Uebungstag soll dagegen hier als Beispiel vorgeführt werden, wie sich die Uebung gestaltet, sobald die Leitung der beiderseitigen Detachements den an derselben theilnehmenden Stabsoffizieren übertragen wird. Es handelte sich daher noch darum, zunächst die Sachlage am Ende des ersten Operationstages festzustellen.

Bei dem Ost=Detachement hatte die Avantgarde den Uebergang bei Baarden erzwingen sollen, das Gros war inzwischen bei Mehlsack versammelt worden. Dem Führer des Ost=Detachements mußte über die weiteren Bewegungen desselben freie Hand gelassen werden.

Es wurde ihm daher über die Situation, wie solche sich am ersten Operationstage Morgens 10 Uhr gestaltet hatte, Folgendes mitgetheilt:

„Von der Dragoner=Brigade trifft um 9 Uhr beim Gros unweit Mehlsack die Meldung ein, daß sie den Versuch, bei Baarden überzugehen, aufgebe, da der Ort nicht allein von 1—2 Eskadrons Dragoner besetzt sei, sondern soeben noch aus der Richtung von Deutschendorf her ein feindliches Kavallerie=Regiment nebst einer Batterie bei Baarden eintreffe. Die Brücke von Spanden, gegen welche die Avantgarde eine Eskadron vorgesandt habe, ist ebenfalls zur Zeit stark besetzt."

Major X., welcher das Kommando der Ost=Division übernommen hatte, traf hierauf folgende Anordnungen:

1) Die Dragoner=Brigade zieht die nördlich entsandte detachirte Eskadron (1. des 3. Regiments) an sich und konzentrirt sich bei Bornitt und Wölken, unter sorgfältiger Beobachtung der Passarge von Ramusen bis westlich Basien.
2) Die Husaren=Brigade marschirt von Mehlsack nach Wormditt.
3) Die schwere Brigade von Mehlsack nach Heinrikau.

4) Die auf dem linken Flügel detachirte 4. Eskadron 4. Dragoner = Regiments wird angewiesen, sich in den Besitz des Ueberganges über die Passarge östlich Alken zu setzen und denselben festzuhalten.

5) Die Trains werden bis Mehlsack herangezogen.

Hierauf wurde seitens des Leitenden dem Führer des Ost= Detachements eröffnet, „daß die von ihm angeordneten Bewegungen am ersten Operationstage (19. September) bis 2½ Uhr Nachm. zur Ausführung gelangen. Die im Laufe des Tages noch eingehenden Meldungen besagen, daß sich mehrere feindliche Regimenter in einem Bivouak westlich Schlobien befänden, von denen ein Dragoner=Regiment bei Baarden sich gezeigt, demnächst aber wieder bis Schlobien zurückgegangen wäre. Die von Wormditt auf Alken vorgegangene Dragoner= Eskadron hat am Uebergange bei Alken feindliche Husaren vertrieben, denen es jedoch gelungen wäre, sich in Alken zu behaupten."

Dem Führer des West=Detachements, Major Y., wurden über die Ereignisse am ersten Operationstage (19. September) folgende Mittheilungen gemacht:

„Auf die Meldung der Eskadron in Baarden, daß der Gegner mit mehreren Eskadrons Dragoner und einer Batterie daselbst überzugehen versuche, waren von der bereits bei Deutschmannsdorf eingetroffenen Kavallerie=Brigade das Dragoner=Regiment (3 Eskadrons) und die reitende Batterie zur Unterstützung vorgeschickt worden. Der Feind gab jedes weitere Unternehmen gegen Baarden in Folge dessen auf, behielt jedoch den jenseitigen Thalrand stark besetzt. Die 3 Eskadrons nebst der Batterie wurden daher nach Schlobien in das Bivouak der Brigade herangezogen. Auch vor Spanden war eine feindliche Dragoner=Eskadron erschienen.

Von Krickehnen ging von der dort detachirten 4. Eskadron der 1. Husaren Meldung ein, daß sich eine feindliche Eskadron, ebenfalls Dragoner, in den Besitz des Passarge = Ueberganges (Straße auf Wormditt) gesetzt habe. Im Laufe des Nachmittags sind außer den Dragoner=Patrouillen daselbst auch noch feindliche Husaren bemerkt worden. Die 4. Husaren = Eskadron behauptet sich in Alken."

Auf Grund dieser Sachlage, wie sich solche bis zum Abend des ersten Operationstages gestaltete, hatten die Führer beider Detache=

ments dem Leitenden noch ihre Befehle für den folgenden Operationstag mitzutheilen. Diese lauteten:

1. **Vom West-Detachement.**

Schlodien, den ersten Operationstag,
11½ Uhr Nachm.

Der Feind hat sich in den Besitz der Passarge-Brücke vor
Alken gesetzt und daselbst Dragoner und Husaren gezeigt.

Die 1. Kavallerie-Brigade wird daher bei Tagesanbruch
sich auf die Straße Wormditt—Pr.-Holland setzen und hierbei die
Richtung auf Göttchendorf einschlagen.

Das Dragoner-Regiment deckt diese Bewegung zunächst durch
Sicherung des Ueberganges bei Spanden, wohin es um 5 Uhr früh
aufbricht.

Das Husaren-Regiment (3 Eskadrons) übernimmt die Avantgarde, bricht um 6 Uhr auf und marschirt über Spitzen auf
Göttchendorf, eine linke Seitendeckung über Döbern.

Das Gros — Kürassier-Regiment und 1. reitende Batterie
— folgt der Avantgarde in einer Entfernung von 800 Schritt.
Dasselbe sorgt ebenfalls für Deckung seiner linken Flanke.

Das Dragoner-Regiment folgt nach Zerstörung der Brücke
von Spanden über Döbern, seine detachirte Eskadron von Baarden
um 7 Uhr über Schlodien dem Gros.

Die Husaren-Eskadron in Alken sucht sich auf der Straße
Wormditt—Pr.-Holland zu behaupten.

Die 2. Staffel der Truppenfahrzeuge geht unter Bedeckung
eines Kürassier-Zuges um 6 Uhr über Hermsdorf, Einhöfen und
Kl.-Thierbach nach Schönau.

Der Brigade-Kommandeur befindet sich beim Gros.

Y.
Major.

2. **Vom Ost-Detachement.**

Divisions-Stabsquartier Wormditt,
den ersten Operationstag 9 Uhr Nachm.

Der Gegner bivouakirt in der ungefähren Stärke von einer
Kavallerie-Brigade bei Schlodien und hält Baarden und Spanden
mit Dragonern, Alken mit Husaren besetzt. Die Passarge-Brücke
bei Alken ist in unseren Händen.

Für den zweiten Operationstag wird befohlen:

1) Die Brücke von Allen wird von der Eskadron des 4. Dragoner-Regiments bis auf Weiteres besetzt gehalten.

2) Die Husaren-Brigade bricht früh 5½ Uhr auf, vertreibt den Gegner aus Alken, klärt mit je 1 Eskadron über Döbern auf Schlobien und auf der Pr.-Holländer Straße auf, das Gros der Brigade erwartet zwischen Lomp und Wickerau das Eintreffen der schweren Brigade.

3) Die schwere Brigade bricht ebenfalls um 5½ Uhr Vorm. auf und marschirt über Wormditt auf Alken.

4) Die Dragoner-Brigade sucht den bei Schlobien rekognoszirten Gegner durch Demonstrationen festzuhalten.

5) Die Trains verbleiben vorläufig in Mehlsack.

6) Der Divisions-Kommandeur befindet sich bei der Husaren-Brigade.

X.

Major.

Hiermit fanden die Arbeiten des ersten Uebungstages ihre Erledigung. Beide Detachements-Führer erhielten die Anweisung, vor Beginn der morgenden Uebung den ihnen zugetheilten Offizieren Kenntniß von der Sachlage und den von ihnen erlassenen Befehlen zu geben.

Dritter Uebungstag. (20. September.)

Ritt von Schlodien über Spanden und Göttchendorf in die Quartiere nach Groß- und Klein-Thierbach und Quittainen.

(Zweiter Operationstag.)

Die Aufgaben, welche an diesem Tage gestellt wurden, ergaben sich aus den Befehlen der beiderseitigen Führer, namentlich dort, wo eine Berührung von Abtheilungen der Detachements stattfand.

Da seitens des Ost-Detachements noch angeordnet wurde, daß mit Tagesanbruch eine Eskadron der Dragoner-Brigade den Versuch machen sollte, sich in den Besitz des Ueberganges von Spanden zu setzen, mußte daselbst der erste Zusammenstoß erfolgen.

Wie bereits bekannt, hatte vom West-Detachement ein Zug der 4. Eskadron des Dragoner-Regiments den dortigen Uebergang besetzt.

Lieutenant A., welcher die Führung dieses Zuges zu übernehmen hatte und dem mitgetheilt wurde, daß ihm gegenüber zwischen Wusen und Stegmannsdorf feindliche Vedetten ständen, traf folgende Anordnungen:

„Der Zug besetzt die auf dem rechten Ufer der Passarge, östlich des Weges Wusen—Spanden belegene verfallene Schanze. Zwei Patrouillen von je zwei Pferden beobachten den Gegner bei Wusen resp. klären in Richtung auf Basien auf. Auf dem linken Ufer wird durch ebenfalls zwei derartige Patrouillen die Verbindung mit der Feldwache im Panischen Walde aufrecht erhalten und die Passarge weiter oberhalb bis über Schönaich hinaus beobachtet. Die ca. 50 Schritt lange hölzerne Brücke in Spanden ist durch Umwickeln von Stroh zum Abbrennen vorbereitet."

Seitens des Ost-Detachements war die Führung der von Wusen vorgehenden Eskadron dem Lieutenant B. übertragen.

Dieser Offizier gab an, daß er eine Avantgarde von einem Zuge auf kurze Entfernung vorausschicken, in den Flanken durch Patrouillen gedeckt, im Trabe auf dem direkten Wege von Wnsen nach Spanden vorgehen werde.

Die Ereignisse wurden nun an Ort und Stelle eingehend besprochen, so unter Anderen auch z. B. die Stelle bezeichnet, wo die Pferde des abgesessenen Zuges des West=Detachements aufzustellen waren. Das Resultat dieser Besprechung ergiebt sich aus der Mittheilung einer der nach derselben eingereichten Meldungen.

Ost=Detachement.	Ab: zweiter Operationstag
3. Eskadron	5 Uhr früh.
Dragoner=Regts. Nr. 4.	Abgangsort: Spanden.

Der Avantgardenzug der Eskadron erhielt an dem Gehöft nordöstlich der alten Schanze vor Spanden heftiges Feuer aus letzterer, saß ab und beschäftigte den Gegner von der nächsten Terrainwelle aus. Nach Rekognoszirung saß auch der zweite Zug ab und wandte sich gedeckt längs des steilen Thalrandes unterhalb der Brücke gegen die linke Flanke des Gegners. Dieser, seinen Rückzug hierdurch bedroht sehend, eilte in der ungefähren Stärke eines Zuges zu seinen, dicht an der Brücke befindlichen Pferden. Der Rest der diesseitigen Eskadron benutzte sofort den günstigen Moment, ging im Galopp vor, zersprengte den Gegner und besetzte Spanden. Ein Zug geht zur Aufklärung nach Schlobien, Patrouillen sind auf Döbern und Schönaich entsandt. Die Gefangenen, x Mann, des 1. Dragoner=Regiments werden zurückgeschickt.

B.

Lieutenant.

Es muß darauf hingewiesen werden, daß diese Meldung, welche gleichzeitig die Relation, exkl. Verluste enthält, nur in einem Moment verfaßt werden konnte, welcher hinreichende Ruhe gewährte; die erste Meldung würde dagegen ungefähr folgendermaßen haben lauten müssen:

Eskadron im Besitz von Spanden und der Brücke. Ein Zug des Gegners (vom 1. Dragoner=Regiment), welcher die diesseits gelegene Schanze vertheidigte, nach kurzem Gefecht zersprengt; ich halte das Dorf besetzt und kläre auf Schlobien, Döbern und Schönaich auf.

B.

Lieutenant.

Allerdings war der Zug des West=Detachements durch das Dominiren des rechten Ufers und die dort befindliche verfallene Schanze verleitet worden, die Vertheidigung vollständig auf dieses

Ufer zu verlegen. Seine Stärke reichte jedoch nicht dafür aus, da gleichzeitig eine Sicherung des Abzuges durch Besetzung der Brücke erforderlich war. Besser wäre es gewesen, die Vertheidigung auf das linke Ufer an dem Uebergange selbst zu beschränken, wo dichtes Weidengebüsch und ein am Fluß liegendes Gehöft dieselbe begünstigte. In der Schanze hätte alsdann ein Beobachtungsposten von 1 Unteroffizier 6 Mann genügt, welcher gleichzeitig die Annäherung kleinerer feindlicher Rekognoszirungen verhinderte und den eigenen vorgeschickten Patrouillen eine Aufnahme bot. Das Abzugsterrain nach der Brücke wurde durch die Vertheidiger der letzteren vollständig gesichert. —

Gemäß des Befehls der Kavallerie-Brigade des West-Detachements für diesen Tag, waren um diese Zeit, 5 Uhr früh, die drei Eskadrons des Dragoner-Regiments Nr. 1 aus dem Bivouak von Schlodien nach Spanden aufgebrochen. Versprengte des dort postirt gewesenen Zuges gaben dem zur Führung dieser Eskadrons bestimmten Rittmeister C. Kenntniß von dem Verlust des Dorfes.

Rittmeister C. beschloß sofort, sich wieder in den Besitz des Dorfes zu setzen, die 1. Eskadron wurde als Avantgarde 600 Schritt voraus, auf dem Wege Schlodien—Spanden, geschickt, Meldung über die Ereignisse und das Beabsichtigte ging an die Brigade zurück.

Die Avantgarden-Eskadron trieb den ihr entgegenkommenden rekognoszirenden Zug des Feindes zurück, fand jedoch den Eingang von Spanden stark besetzt. Da das Terrain durch morastige Wiesen sehr eingeengt war, versprach ein Angriff auf dieser Seite keinen Erfolg. Rittmeister C. beließ daher seine Avantgarden-Eskadron hierselbst und wandte sich mit den beiden anderen Eskadrons durch den Schleusen-Wald zum Angriff der westlichen Lisiere.

Der Gegner hatte inzwischen zur Festhaltung des Ortes folgende Anordnungen getroffen: Zwei Züge saßen ab und besetzten den Nord-Eingang von Spanden, sowie die im Süden gelegenen herrschaftlichen Gebäude des Guts, der Rest blieb zu Pferde im Dorfe zum Hervorbrechen bestimmt, wenn der Gegner zu Fuß zum Angriff über das freie Terrain vorgehen sollte; eine kleinere Abtheilung behielt die Uebergangsstelle besetzt.

Als sich jedoch die Ueberlegenheit des Gegners herausstellte und die örtliche Beschaffenheit die Vertheidigung des Ortes wesentlich dadurch beeinträchtigte, daß die Brücke dem Feuer der aus dem Schleusen-Walde vordringenden Schützen völlig preisgegeben war, entschloß sich die Eskadron des Ost-Detachements zur Räumung des Dorfes.

Die alte Schanze wurde jedoch besetzt gehalten und hierdurch ein Nachbringen des Gegners über das Defilee verhindert. Letzterer steckte die Brücke in Brand, warf seinerseits eine Eskadron in das Dorf und stellte den Rest des Regiments weiter rückwärts in Reserve auf.

In Bezug auf die Durchführung dieser Ereignisse im Terrain sei bemerkt, daß der Leitende zunächst Kenntniß nahm von den Anordnungen und Absichten der beiderseitigen Führer, dann feststellte, wann und an welcher Stelle die vordersten Abtheilungen sich erblicken würden und jedem einzelnen Führer alsdann mittheilte, was er dem Terrain und den Anordnungen des Gegners gemäß von diesem erblickte; wo der Zusammenstoß beider Gegner eine Entscheidung erforderlich machte, wurde solche vom Leitenden gegeben.

In dieser Weise wurden die Verhältnisse von einer Situation zur anderen weiter geführt. Natürlich müssen die Informationen der Gegner und die Mittheilung ihrer Anordnungen abgesondert geschehen, so lange bis im Terrain nicht Alles sofort von beiden Seiten auch thatsächlich überblickt wird. Im Uebrigen schließt sich die Leitung hierbei völlig der Leitung im Kriegsspiel an, nur daß bei Letzterem die Abtheilungen der beiderseitigen Gegner durch Steine auf dem Plane markirt werden, während hier der Leitende ganz genau im Terrain die Stelle bezeichnen muß, wo die Abtheilungen sichtbar werden und ihre Stärke, so weit sie zu erkennen oder ungefähr zu schätzen ist, anzugeben hat.*)

Schließlich sei noch bemerkt, daß über die einzelnen Momente der hier vorgeführten Ereignisse diejenigen Meldungen von den betreffenden Offizieren nach Schlodien resp. Wusen aufgesetzt wurden, welche sie in Wirklichkeit in dieser Lage abzusenden hatten. Von ihrer Mittheilung wird hier jedoch, als zu weit führend, abgesehen.

Nach Erledigung der Ereignisse bei Spanden wurde das nächste Rendezvous um 11½ Uhr bei Göttchendorf bestimmt, und verschiedene Aufgaben, theils durch den Leitenden, theils durch die Stabs-Offiziere, welche die Detachements führten, nach den Anweisungen des Ersteren gestellt.

Zu diesen Aufträgen gehörten unter Anderen nachstehende, bei denen die Ausführung hinzugefügt wird:

---

*) Siehe: Beitrag zum Kriegsspiel von J. v. Verdy, Oberst. Berlin 1876. Königliche Hofbuchhandlung von E. S. Mittler u. Sohn.

1) West-Detachement.

Für den Marsch des Gros aus dem Bivouak bei Schlobien nach Göttchendorf ist es wünschenswerth, einen Weg einzuschlagen, welcher der Einsicht von dem überhöhenden rechten Ufer der Passarge entzogen ist. Lieutenant D. wird zur Auffindung eines solchen Weges entsandt.

Meldung über die Rekognoszirung des Lieutenants D.*)

Der Weg Schlobien, Spitzen und demnächst zwischen Gr.- und Kl.-Quittainen durch den Zehn-Hufen-Wald ist der Einsicht vom rechten Passarge-Ufer völlig entzogen. Bei dem Anstritt aus letzterem Walde ist der Weg über Schönborn jedoch nicht zu verfolgen, da die zweite Hälfte desselben von den Höhen herabsteigend von weither eingesehen wird. Es muß daher vom Anstritt aus dem Zehn-Hufen-Wald über das Feld direkt auf Göttchendorf geritten werden, was ohne wesentliche Hindernisse von Kavallerie und Artillerie geschehen kann. Für die Trains ist jedoch der Weg über Hermsdorf vorzuziehen. — Der rekognoszirte Weg ist in der Kolonne zu Dreien überall passirbar, innerhalb und längs der Waldungen weicher günstiger Boden, zwischen der Ziegelei von Spitzen und dem Zehn-Hufen-Wald jedoch zur Zeit sehr harter, ausgetrockneter Lehmboden. —

2) West-Detachement.

Anordnungen der bei Baarden detachirten 4. Eskadron Dragoner-Regiments Nr. 1, nachdem sie dem Brigade-Befehl gemäß bei Schlobien eingetroffen ist und daselbst um 7½ Uhr Vorm. erfährt, daß die drei übrigen Eskadrons des Regiments von Spanden bereits abgezogen sind und feindliche Kavallerie oberhalb des Dorfes im Uebergange über die Passarge begriffen sei.

Erste Meldung der 4. Eskadron Dragoner-Regiments Nr. 1.
(Schlobien, 7 Uhr 30 Min. Vorm.)

Soeben von Baarden bei Schlobien eingetroffen, wird gemeldet, daß das Regiment bereits von Spanden abmarschirt und

---

*) Auch diese Meldungen wurden in vorschriftsmäßiger Form geschrieben, doch wird hier von den Zeit- und Orts-Angaben ꝛc. stellenweise abgesehen da selbige bereits in den Beispielen zum ersten Operationstage hinlängliche Erwähnung gefunden haben dürften.

feindliche Kavallerie daselbst im Uebergange begriffen sei. Eskadron wird, um Verbindung mit der Brigade nicht zu verlieren, westlich Spitzen gedeckte Aufstellung nehmen und festzustellen suchen, was vom Feinde bei Spanden folgt. Wenn erforderlich, wird sie die linke Flanke der Brigade sichern.

3) West-Detachement.

Die in Alken befindliche 4. Eskadron des Husaren-Regiments Nr. 1 soll dem Brigade-Befehl zufolge sich womöglich auf der Chaussee Wormditt—Pr.-Holland behaupten. Rekognoszirung derselben von Bernhardsdorf bis Göttchendorf, inwieweit das Terrain daselbst eine Behauptung gegen Ueberlegenheit gestattet.

Meldung der 4. Eskadron Husaren-Regiments Nr. 1.

Dem Vorgehen überlegener feindlicher Kräfte wird die Eskadron auf dem Höhenzuge von Schwölmen Widerstand zu leisten suchen. Von demselben aus wird das Vorterrain bis gegen Alken übersehen. Die kurze Ostlisiere von Schwölmen ist sehr vertheidigungsfähig. Ein dicht vor dem Dorfe liegender tiefer Einschnitt weist den Gegner auf weit ausgreifende Umfassung hin, die nördlich in schwieriges Wiesen-Terrain führt, südlich durch Gehölz und sehr koupirtes Hügelland beengt ist. — (Ein Zug zur Besetzung der Ostlisiere, ein Zug am trigonometrischen Signal, der Rest der Eskadron verbleibt hinter der Höhe in Reserve.)

———

Vom gemeinschaftlichen Rendezvous von Göttchendorf aus begab sich der Leitende mit sämmtlichen Offizieren nach der östlich zunächst gelegenen Höhe, von wo aus das Terrain nach verschiedenen Richtungen weithin zu übersehen war.

Nach dem vom Ost-Detachement erlassenen Befehl wurde festgestellt, daß die Husaren-Brigade desselben die Husaren-Eskadron des West-Detachements aus Alken um 6³/₄ Uhr früh vertrieben hatte; Erstere machte demnächst zwischen Lomp und Wickerau Halt, um das Eintreffen der schweren Brigade zu erwarten.

Vorläufig schickte die Husaren-Brigade auf Anordnung des Divisions-Kommandeurs, Major X., je eine Eskadron zur Aufklärung über Krickehnen auf Schwölmen und über Lomp auf Döbern vor, während eine Offizier-Patrouille in südwestlicher Richtung streifte.

3*

Das Verhalten beider Escadrons wurde zum Gegenstand ausführlicher Besprechung gemacht, und ihren Führern hierbei gleichzeitig mitgetheilt, was sie von den Bewegungen des Gegners bemerken konnten.

Dieser war nämlich inzwischen bald nach 7 Uhr unter sorgfältiger Deckung seiner linken Flanke mit dem Gros durch den Zehn-Husen-Wald, dem etwas später auch die 3 Dragoner-Escadrons von Spanden aus folgten, bei Göttchendorf eingetroffen und schob seine reitende Batterie bis auf die Höhe südlich Schwölmen vor.

Unter den bei dieser Gelegenheit eingereichten Meldungen befanden sich folgende:

Ost-Detachement.	Ab: zweiter Operationstag
	6 Uhr 55 Min. Vorm.
1. Esk. Huf.-Regts. Nr. 5.	Abgangsort:
	Jägerhaus nördlich Lomp.

Erste Meldung.

Ein Zug feindlicher Husaren und ein Zug Kürassiere*) passiren von Döbern kommend den Bach-Uebergang bei Peiskam in Richtung auf Göttchendorf. In Richtung über Schoenaich bis jetzt noch nichts vom Feinde zu bemerken. Werde mich gegen Peiskam wenden und gleichzeitig gegen Norden weiter aufklären.

X.

Ost-Detachement.	Ab: zweiter Operationstag
	7 Uhr 10 Min. Vorm.
1. Esk. Huf.-Regts. Nr. 5.	Abgangsort:
	Dammerauer Wald,
	Austritt des Weges auf
	Peiskam.

Zweite Meldung.

Starke feindliche Kavallerie**) trabt soeben aus Döbern in Richtung auf Peiskam vor. Verbleibe beobachtend im Dammerauer Walde.

X.

---

*) Die Flanken-Deckungen des West-Detachements, welches durch den Zehn-Husen-Wald im Anmarsch war.

**) Die von Spanden abziehenden 3 Escadrons Dragoner des West-Detachements.

Ost-Detachement.   Ab: zweiter Operationstag
1. Esk. Huf.-Regts. Nr. 5.   7 Uhr 20 Min. Vorm.
                                    Abgangsort:
                                    Dammerauer Wald.

Dritte Meldung.

Tete des Feindes soeben bei Peiskam. Ueberschreitet dort
den Bach in Richtung auf Schoenborn, seine Stärke 3 Eskadrons
Dragoner. Werde ihnen auf Peiskam folgen und Beobachtung
über Döbern gleichzeitig fortsetzen.   X.

———

Ost-Detachement.   Ab: zweiter Operationstag
4. Eskadron   7 Uhr Vorm.
Husaren-Regts. Nr. 6.   Abgangsort:
                                    Chaussee 800 Schritt westlich Krickehnen.

Erste Meldung.

Der Feind hält den Abschnitt von Schwölmen mit der aus
Alken vertriebenen Eskadron besetzt. Derselbe in Front wegen
vorliegenden tiefen Einschnittes schwer anzugreifen. Die südlich
umfassende Offizier-Patrouille hat auch vom Fichtenberg Feuer erhalten. Behalte Fühlung am Feinde und rekognoszire das Terrain
nördlich von Schwölmen.   O.

———

Ost-Detachement.   Ab: zweiter Operationstag
4. Eskadron   7 Uhr 20 Min.
Husaren-Regts. Nr. 6.   Abgangsort:
                                    1500 Schritt nordwestlich Krickehnen.

Zweite Meldung.

Soeben fährt eine reitende Batterie auf dem Höhenrücken von
Schwölmen südlich des Dorfes auf. Auch trabt stärkere feindliche
Kavallerie von Döbern auf Peiskam vor. — Tete noch circa
1500 Schritt von Peiskam entfernt. Terrain nördlich Schwölmen
zur Umfassung geeigneter, als das sehr kuppenreiche Höhenterrain
südlich des Abschnittes.   O.

Bevor noch die schwere Brigade der Ost-Division bei ihrer
Husaren-Brigade eintraf, war es dem West-Detachement gelungen,
seine sämmtlichen Abtheilungen mit Ausnahme der noch von Baarden
her erwarteten Dragoner-Eskadron rechtzeitig östlich Göttchendorf zu

vereinigen, woselbst der deckende Höhenzug von Schwölmen sie der Einsicht des Gegners entzog. Dagegen bemerkte man von der erwähnten Höhe etwa um 8 Uhr das Vorgehen der feindlichen Dragoner- und der inzwischen bei ihr eingetroffenen schweren Brigade, welche sich anschickten, Schwölmen nördlich zu umgehen. Bei der Ueberlegenheit des Gegners — 16 Eskadrons, 12 Geschütze, gegen 11 Eskadrons, 6 Geschütze — glaubte der Kommandirende es hier auf eine Entscheidung nicht ankommen lassen zu dürfen und ordnete den Abmarsch über Schmauch hinter den Abschnitt der Weeste an. Drei Eskadrons Husaren deckten hierbei die rechte Flanke, eine Kürassier-Eskadron übernahm die Arrieregarde, während die drei Dragoner-Eskadrons zur Sicherung des Weeste-Abschnittes vorausgeschickt wurden. Das Verhalten der Flankendeckung, der aus Schwölmen abziehenden 4. Husaren-Eskadron und der die Arrieregarde bildenden Kürassier-Eskadron gaben hierbei den Anhalt für die zu stellenden Aufgaben.

Die westlich des Spitzen-Waldes im Anmarsch begriffene 4. Eskadron der 1. Dragoner erhielt Weisung, sich an die große Straße — etwa bei Bordehnen — heranzuziehen und eventuell, jedoch nur nach Maßgabe des weiteren feindlichen Vordringens, auf Pr.-Holland zurückzuweichen.

Dem Kommandeur der Ost-Division mußte es unerwartet sein, daß der Gegner von Göttchendorf aus in südlicher Richtung abzog, statt auf der Elbinger Chaussee direkt zurückzugehen. Da überdies sich auch bei Bordehnen feindliche Kavallerie — die oben erwähnte Dragoner-Eskadron — zeigte, wurde zur weiteren Aufklärung zunächst die Husaren-Brigade auf Schmauch vorgeschickt. Inzwischen war es der Dragoner-Brigade der West-Division gelungen, die Passarge oberhalb Spanden zu überschreiten und um diese Zeit bei der Division einzutreffen. Sie erhielt Befehl, gegen Bordehnen vorzugehen, während die schwere Brigade vorläufig in Bereitschaft bei Göttchendorf verblieb.

Nachdem von Göttchendorf aus bereits einzelne Offiziere mit weiteren Aufträgen, die sich vorzugsweise auf Rekognoszirung des Weeste-Abschnittes bezogen, vorausgeschickt worden waren, versammelten sich sämmtliche Theilnehmer wiederum auf der vorher als Rendezvous bezeichneten Höhe südlich Nanten, zwischen dem Dorfe und der Weeste.

Die Meldungen über die Rekognoszirungen, welche hier einliefen

und denen theilweise kleine Bleistift-Croquis beigeschlossen waren, ergaben, daß dies hier noch unbedeutende Gewässer durch seine an
vielen Stellen sumpfigen Ufer und die Gestaltung des anstoßenden
Terrains immerhin ein Hinderniß bildete, das angesichts des Gegners
nur mit großer Vorsicht überschritten werden konnte. Da das West-
Detachement südlich des Abschnittes sich in Bereitschaft stellte, nahm
die Ost-Division für heute von einem weiteren Folgen Abstand.

Beide Detachementsführer trafen demgemäß Anordnungen für
Aufstellung der Vorposten und Unterbringung der Truppen in den
Bivonaks und Kantonnements. Auf Grund dieser Anordnungen
hatte auf jeder Seite ein Rittmeister, dem mehrere Offiziere bei-
gegeben wurden, die speziellen Bestimmungen für die Vorposten zu
regeln. Mit der Lösung der aus diesem Gebiet gestellten Aufgaben,
sowie dem Verhalten einiger noch abgezweigten Eskadrons schloß die
Uebung dieses Tages.

Bemerkt muß noch werden, daß auch die Verhältnisse bei Vordehnen vorher zur Stellung von Aufgaben Veranlassung gegeben
hatten, deren Besprechung mit den dort führenden Offizieren in der
Gegend von Canditten, von wo aus sich das Terrain übersehen ließ,
erfolgt war.

Die Quartiere wurden an diesem Tage nach 3 Uhr in Quittainen,
Gr.- und Kl.-Thierbach genommen. Hier hatten die beiden Detachementsführer die Uebersicht der im Terrain durchgesprochenen Bewegungen in Form einer Relation, sowie die Befehle zum folgenden
Uebungstage einzureichen.

Dieselben lauteten:

1) Beim West-Detachement.

Divisions-Stabsquartier: Schönau,
zweiter Operationstag, 7 Uhr Nachm.

Relation.

Auf die am ersten Operationstag Abends von der detachirten
Husaren-Eskadron aus Alken eingegangenen Meldung, daß der
Feind sich des dortigen Passarge-Ueberganges bemächtigt und da-
selbst Dragoner und Husaren gezeigt habe, wurde für heute der
Rechtsabmarsch der Brigade nach Göttchendorf angeordnet.

Das Dragoner-Regiment (drei Eskadrons) brach bereits um
5 Uhr aus dem Bivonak bei Schlodien auf, um zur Sicherung
des Abmarsches Spanden stärker zu besetzen. Kurz vor seinem
Eintreffen hatte eine feindliche Eskadron, von Wusen kommend,

den in Spanden postirten Zug der 4. Eskadron zersprengt und sich in den Besitz des Dorfes gesetzt. Das Dragoner-Regiment griff mit abgesessenen Mannschaften Spanden sofort von Norden und Westen an, warf den Gegner wieder über die Passarge zurück und zerstörte die dortige Brücke. Um 7 Uhr folgte das Regiment dem Gros, welches bereits eine Stunde früher sich von Schlobien über Spitzen und den Zehn-Hufen-Wald nach Göttchendorf in Marsch gesetzt hatte. Hier war gegen 8 Uhr die gesammte Brigade vereinigt, mit Ausnahme der 4. Eskadron des Dragoner-Regiments, welche von Baarden über Schlobien folgen sollte, jedoch bei Spitzen längere Zeit zur Beobachtung verblieb, da sich bereits feindliche Kavallerie im Terrain südlich Spanden zeigte.

Schon früher hatte die bei Alken detachirte 4. Husaren-Eskadron den Vormarsch starker feindlicher Kavallerie über die Passarge gemeldet, welche jedoch zwischen Lomp und Wickerau halten blieb und nur zwei Eskadrons in Richtung auf Döbern, sowie auf der großen Straße vorschickte. Letzterer verwehrte die Eskadron, welche Schwölmen und den dortigen Höhenzug besetzte, das weitere Vordringen.

Indeß konnte man deutlich beobachten, daß der Gegner sich zwischen Lomp und Wickerau bedeutend verstärkte und bald nach 8 Uhr mit diesen — auf circa zwei Brigaden und zwei reitenden Batterien — geschätzten Massen vorkam. Die auf die Höhe von Schwölmen vorgezogene 1. reitende Batterie eröffnete gegen dieselben das Feuer.

Bei der Ueberlegenheit des Gegners jedoch sah der Brigade-Kommandeur sich veranlaßt, einer Entscheidung auszuweichen und ordnete den weiteren Rückzug an. Dieser wurde unter Deckung der rechten Flanke durch drei Husaren-Eskadrons bis hinter die Weeske angetreten, wohin das Dragoner-Regiment zur Aufnahme vorausgegangen war. Die 4. Eskadron des Regiments wurde von Spitzen nach der Gegend von Vordehnen beordert und mit der Beobachtung des Gegners auf der Elbinger Chaussee, längs welcher sie sich eventuell auf Pr.-Holland zurückzuziehen hatte, beauftragt. Nach Meldung dieser Eskadrons war eine dritte feindliche Brigade oberhalb Spanden über die Passarge gegangen und befand sich im Anmarsch über Döbern.

Der Feind folgte mit letzterer Brigade bis gegen Vordehnen und Vehlenhof, mit mehreren Husaren-Eskadrons bis Rauten. Da er jedoch gegen 1 Uhr nördlich der Weeske Vorposten ausstellte, wurde die Brigade in Bivouaks weiter zurückgelegt.

Drei Eskadrons des Dragoner-Regiments und zwei Geschütze bildeten die Arrieregarde, deren Gros südlich der Höhe von Grossainen Bivouaks bezog, Vorposten längs der Weeske von Einhöfen bis in den Quittainerwald.

Das Gros der Brigade besetzte den Abschnitt von Klein-Thierbach mit einer Husaren-Eskadron, während eine Kürassier-Eskadron die Sicherung der linken Flanke bei Zallenfelde übernahm, der Rest der Brigade (3 Eskadrons Kürassiere, 2 Eskadrons Husaren, 4 Geschütze) bezog in Schoenau Quartiere resp. Bivouaks neben dem Dorfe.

Zur Beobachtung des Gegners von den Flanken aus resp. auf der Elbinger Chaussee befanden sich detachirt:

Die vierte Eskadron des Husaren-Regiments bei Reichertswalde, die vierte Eskadron des Dragoner-Regiments bei Koppeln unter Festhaltung des gegen Behlendorf gelegenen Waldes.

Das Brigade-Stabsquartier kam nach Schönau, die Trains trafen bei Pr.-Holland ein.   Y.

Major.

Für den dritten Operationstag beabsichtigte der Kommandeur des West-Detachements zunächst die Bewegungen des Gegners abzuwarten, und demselben eventuell an geeigneter Stelle Widerstand zu leisten. Wurde der weitere Rückzug nöthig, so sollte dieser in Richtung auf die Uebergänge des Oberländer Kanals ausgeführt werden.

Die auf der Elbinger Chaussee befindliche Dragoner-Eskadron erhielt Weisung, wenn sie gedrängt würde, das starke Defilee von Pr.-Holland bis auf Weiteres zu besetzen.

2) Ost-Detachement.   Divisions-Stabsquartier:

Göttchendorf,

den zweiten Operationstag, 8 Uhr Nachm.

Relation.

Der Besitz der Brücke von Alken gestattete, die Division am zweiten Operationstage daselbst ungestört über die Passarge zu führen.

Die Husaren-Brigade war angewiesen, frühzeitig von Wormditt aufzubrechen, den Uebergangspunkt zu sichern und jenseits desselben das Eintreffen der schweren Brigade abzuwarten. Die von ihr

auf Schwölmen und Döbern zur Aufklärung vorgeschickten Eska=
drons stellten bereits bald nach 7 Uhr fest, daß die Höhen bei
ersterem Dorfe von feindlichen Husaren besetzt waren, gleichzeitig
aber auch, daß der Gegner sich im Marsch aus der Gegend von
Schlodien nach der Wormditt=Elbinger Straße befand, wenigstens
wurde der Marsch kleinerer Husaren= und Kürassier=Abtheilungen,
sowie eines Dragoner=Regiments über Peiskam dorthin beobachtet.

Nach Vereinigung der beiden Brigaden rückten diese bald nach
8 Uhr aus der Gegend zwischen Lomp und Wickerau gegen
Schwölmen vor. Der Gegner beschoß mit einer Batterie von den
dortigen Höhen den Anmarsch. Unter dem Schutze ihrer beiden
Batterien dirigirte sich die Division auf Peiskam. Bevor diese Um=
gehung zur Durchführung gelangte, trat der Feind seinen Rückzug an.
Dieser erfolgte jedoch mit den Hauptkräften nicht auf der Elbinger
Straße, sondern — anscheinend mit 3 Regimentern und 1 Batterie —
über Schmauch hinter den Abschnitt der Weeske, gleichzeitig zeigte
sich auch feindliche Kavallerie in der Gegend von Vordehnen.

Inzwischen stieß auch die Dragoner=Brigade bei Göttchendorf
zur Division; eine Eskadron derselben hatte sich zwar von Wusen
aus am frühen Morgen in den Besitz des Ueberganges von Spanden
gesetzt, war jedoch durch überlegene Kavallerie des Gegners wieder
aus dem Dorfe vertrieben worden, bevor die für sie bestimmte
Unterstützung eintraf. Der Feind verbrannte hierauf die Brücke
von Spanden und räumte etwas später die dortige Gegend. Der
Dragoner=Brigade gelang es, ihren Uebergang über die Passarge
oberhalb von Spanden demnächst zu bewerkstelligen.

Die von der nunmehr bei Göttchendorf vereinigten Division
vorgetriebenen Rekognoszirungen ergaben nur die Anwesenheit einiger
geringer Abtheilungen bei Vordehnen, welche bis in den Wald
westlich Vehlenhof zurückgetrieben wurden, dagegen verwehrten
4—6 Eskadrons nebst einer reitenden Batterie bei Grossainen
zunächst jedes weitere Vordringen nach Süden über die Weeske.

Bei der Schwierigkeit, diesen Abschnitt im Angesicht des
Feindes ohne gründliche Vorbereitungen zu überschreiten, stellte die
Division ihre weiteren Bewegungen um 1 Uhr Nachm. ein.

Die Husaren= und Dragoner=Brigaden wurden theils nach
Göttchendorf und Schönborn, theils zwischen beiden Orten in
Bivouaks verlegt, die schwere Brigade kam nach Schwölmen,
Krickehnen und Peiskam.

Die Dragoner-Brigade schob eine Avantgarde (2 Eskadrons) bis Vordehnen, welche sich durch Vorposten bei Liebenau und Behlenhof, sowie gegen Alt-Teschen und bei Plehnen sicherten.

Eine dritte Eskadron wurde nach Hermsdorf detachirt, um von dort aus das Terrain im Norden und Nordwesten aufzuklären.

Die Husaren-Brigade übernahm die Deckung gegen Süden. Drei Eskadrons des 5. Husaren-Regiments blieben bei Schmauch, besetzten den Ort und stellten Vorposten nördlich der Weeske aus.

Die vierte Eskadron des Regiments wurde nach Sommerfeld detachirt und beauftragt, über Rudolphsmühle und Weeskenitt Patrouillen zur Aufklärung über den Feind in dessen rechte Flanke vorzutreiben.

Das Divisions-Stabsquartier kam nach Göttchendorf, die Trains wurden nach Wormditt und Umgegend herangezogen.

Der Feind stellte seine Vorposten im Walde östlich Behlenhof und längs des Weeske-Abschnittes von Einhöfen bis Rudolphsmühle auf. X.

Major.

Ost-Detachement. Divisions-Stabsquartier: Göttchendorf,
am zweiten Operationstag, 9 Uhr Nachm.

Divisionsbefehl für den dritten Operationstag.

Der Gegner ist mit seinem Gros auf das linke Ufer der Weeske in die Gegend von Grossainen zurückgegangen; auf der Elbinger Straße haben sich Dragoner-Abtheilungen westlich Behlenhof gezeigt.

Die Division setzt den Vormarsch am dritten Operationstag fort und wird zunächst die Weeske überschreiten. —

Die Husaren-Brigade, nebst zwei Batterien, steht um 7 Uhr Vorm., unter Belassung der Vorposten, gedeckt zwischen Nauten und Schmauch zum Vormarsch auf Grossainen resp. Einhöfen bereit; die schwere Brigade aufgeschlossen dahinter, die detachirte Husaren-Eskadron wendet sich von Sommerfeld über Reichertswalde in die linke Flanke des Gegners.

Die Dragoner-Brigade nebst einer Batterie steht zu derselben Zeit bei Behlendorf zur weiteren Verfügung bereit.

Der Divisions-Kommandeur befindet sich bei der Husaren-Brigade.

Die Trains verbleiben bis auf Weiteres bei Wormditt. X.

Major.

Vierter Uebungstag. (21. September.)*)

Ritt von Quittainen ꝛc. in das Terrain nach Kl.-Thierbach und Schönau; sowie längs der Zalle und Weeske nach Pr.-Holland.

(Dritter Operationstag.)

Ueberſicht der Ereigniſſe.

Die Oſt-Diviſion ſuchte am frühen Morgen durch zwei weſtlich Einhöfen und über Weeskenitt vorgeſandte Eskadrons nähere Einſicht in die Aufſtellung ihres Gegners zu erlangen. Dieſe Rekognoszirungen ergaben jedoch nur, daß der Feind noch mit mehreren Eskadrons ſüdlich Groſſainen hielt, ſowie die Anweſenheit einer Huſaren-Eskadron bei Reichertswalde.

In Folge deſſen mußte verſucht werden, den Uebergang über die Weeske zu erzwingen. Gemäß des hierfür gegebenen Befehls brach daher die Huſaren-Brigade mit zwei reitenden Batterien, gefolgt von der ſchweren Brigade, um 7 Uhr Vorm. auf. Während die Vorpoſten noch gegen die Weeske ſtehen blieben, wandte ſich das Huſaren-Regiment Nr. 6 gegen Einhöfen, um daſelbſt durchzubrechen. Das ſchwierige Terrain und die von einer Dragoner-Eskadron des Gegners beſetzten Gehöfte nöthigten zum Fuß-Gefecht überzugehen. Obgleich das Gros der Vorpoſten des Weſt-Detachements (nach Abzug der Feldwachen nur noch 5 Züge Dragoner und 2 Geſchütze) herbei-eilte, ſo zwang doch das Feuer der beiden reitenden Batterien gegen Einhöfen, ſowie das gleichzeitige Vordringen des 5. Huſaren-Regiments öſtlich davon, die Dragoner des Weſt-Detachements ſehr bald zum Abzuge.

Dieſer richtete ſich nach dem Defilee von Kl.-Thierbach, welches zu ihrer Aufnahme von der 3. Huſaren-Eskadron beſetzt war. Die

---

*) Gemäß dem in der Einleitung Geſagten, folgt vom vierten Uebungstage an hier nur noch eine kurze Ueberſicht der Ereigniſſe, ſowie der geſtellten Aufgaben.

3 Eskadrons Dragoner blieben dicht hinter dem Wald-Defilee zu deren Unterstützung bereit, ihre beiden Geschütze stießen zu der Batterie bei Schoenau. Die bei Reichertswalde detachirte Husaren-Eskadron ging zunächst bis Inrücken, später bis Quittainen zurück, von wo aus sie sowohl das Terrain zwischen Gr.- und Kl.-Thierbach, als auch die ihr von Sommerfeld aus gefolgte feindliche Husaren-Eskadron beobachtete.

Die Ost-Division folgte dem weichenden Gegner in Richtung auf Kl.-Thierbach; die bei Bordehnen bis zur Entwickelung der Ereignisse an der mittleren Weeske bereit gestellte Dragoner-Brigade erhielt Befehl, nunmehr in Richtung auf Pr.-Holland vorzugehen, jedoch die Verhältnisse auf dem linken Weeske-Ufer unausgesetzt im Auge zu behalten. Für den Fall, daß der Gegner dem Gros der Division daselbst Widerstand leistete, sollte die Brigade sofort den Fluß an geeigneter Stelle überschreiten, um denselben durch Umfassung zum weiteren Rückzug zu zwingen.

Bei Kl.-Thierbach kam es zu einem unbedeutenden Schützen-Gefechte der Avantgarde der Husaren-Brigade (2 Eskadrons) mit der den Abschnitt besetzt haltenden Husaren-Eskadron des West-Detachements. Die Stärke des Abschnittes ließ von einem Forciren desselben Abstand nehmen. Inzwischen war die Zalle in ihrem unteren Laufe bis zu ihrer Mündung in die Weeske (unweit Matzweißen) sorgfältig von verschiedenen Offizieren rekognoszirt worden. Der Uebergang über den Abschnitt von Zallenfelde erwies sich zwar als ein schwieriger, war jedoch mit einiger Vorsicht, namentlich durch Besetzung der westlichsten Gehöfte durch abgesessene Mannschaften, bevor die Kolonnen an verschiedenen Stellen die Einschnitte überschritten, jedenfalls leichter ausführbar, als das Forciren des Kl.-Thierbacher Defilees.

Die Ost-Division ließ daher nur die beiden Husaren-Eskadrons bei Kl.-Thierbach zurück, und wandte sich mit ihrem Gros: 5 Eskadrons Husaren, 2 Batterien und 8 Eskadrons der schweren Brigade gedeckt hinter Neu-Teschen auf Zallenfelde.

Diese Bewegung wurde zwar von der bei Zallenfelde detachirten Kürassier-Eskadron noch so rechtzeitig verdeckt, daß das Gros des West-Detachements — 3 Eskadrons Kürassiere, 3 Eskadrons Dragoner, 2 Eskadrons Husaren und die reitende Batterie — bis Amalienhof herangezogen werden konnte. Hier aber sah dasselbe bereits die Teten der Ost-Division auf dem westlichen Höhenrande bei Zallenfelde erscheinen, auch ergab sich, daß die auf dem rechten Ufer der Weeske vorgegangene feindliche Dragoner-Brigade mit einer auf das linke Ufer geworfenen Eskadron bereits Lägs besetzt hatte und mit ihrem Gros bereit stand, daselbst ebenfalls auf das linke Ufer überzugehen.

Unter diesen Umständen- entschloß sich der Kommandeur des West-Detachements den weiteren Rückzug in Richtung auf die über den Oberländer Kanal bei Nahmgeist führende Brücke anzutreten. Derselbe wurde über Rogehnen, Greissings, Holländer Krug bis hinter die deckenden Höhen südlich Emilienhorst ausgeführt und daselbst um 11 Uhr Vorm. vorläufig Halt gemacht. Die Husaren-Eskadron von Kl.-Thierbach schloß sich auf dem Marsche dem Gros an, die in der rechten Flanke detachirte Eskadron ging von Quittainen in das Höhen-Terrain zwischen Mücken und Kalthof.

Die Ost-Division folgte mit ihren beiden Brigaden über Rogehnen und näherte sich um 11 Uhr Vorm. Greissings, die beiden bei Kl.-Thierbach verwandten Eskadrons trafen bei ihr ein, die detachirte Husaren-Eskadron erreichte den Trauten-Wald. Die Dragoner-Brigade hatte inzwischen, da der Rückzug des Gegners bald erkannt worden war, von einem Uebergange bei Lägs Abstand genommen und ging auf dem rechten Ufer der Weeske gegen Pr.-Holland vor, wohin die seit gestern vor ihr befindliche Dragoner-Eskadron des West-Detachements ausgewichen war. Letztere zog nach kurzem Gefecht an der Brücke von Pr.-Holland in Richtung auf Hirschfeld ab. Die Dragoner-Brigade besetzte die Stadt und ging alsdann daselbst auf das linke Ufer der Weeske über. —

Mit dieser Lage, wie sie sich ungefähr um 11 Uhr Vorm. gestaltet hatte, wurden die Uebungen für heute beendet.

Uebersicht der Aufgaben.

Nach obiger Darlegung der durchgesprochenen Ereignisse könnte es den Anschein gewinnen, als ob die Entwickelung derselben die hauptsächlichste Beschäftigung an diesem Uebungstage geboten hätte. Es ist dies jedoch keineswegs der Fall gewesen, vielmehr wurde nur so viel Zeit hierauf verwandt, als erforderlich war, nach den verschiedenen Befehlen der beiden Detachementsführer Klarheit über die Absichten derselben zu erlangen und festzustellen, wo sich in jedem wichtigen Momente die einzelnen Abtheilungen im Terrain befanden und gegenseitig von einander Kenntniß erlangten. Die in dieser

Ueberſicht zuſammengefaßten Ereigniſſe vertheilen ſich daher am Uebungstage auf einen Zeitraum von etwa fünf Stunden, in welchem einzelne Momente benutzt wurden, die Situation demgemäß feſtzuſtellen.

Die eigentliche Beſchäftigung blieb den aus dieſen Situationen ſich entwickelten kleineren Aufgaben gewidmet und bezogen ſich dieſe im Allgemeinen auf folgende Verhältniſſe:

a) Im Terrain zwiſchen Groſſainen und dem Defilee von Kl.-Thierbach. Anordnungen der vom Gros der Vorpoſten des Weſt-Detachements nach Einhöfen entſandten Dragoner-Eskadron; Gefechte derſelben gegen die anrückende Avantgarde der feindlichen Huſaren-Brigade. Verhalten der übrigen Vorpoſten-Abtheilungen des Weſt- und der bis dahin ſtehen gebliebenen Vorpoſten des Oſt-Detachements. Rückzug der Erſteren auf das Defilee von Kl.-Thierbach und Folgen der Avantgarde des Gegners. — Maßnahmen der zur Aufnahme am Defilee poſtirten Huſaren-Eskadron (Weſt-Detachement), ſowie der dagegen vorgeſandten 2 Eskadrons des Oſt-Detachements; Gefecht am Defilee.

b) An der Zalle und Weeske bis Pr.-Holland. Unterbringung der 5 Eskadrons und 1 Batterie des Gros des Weſt-Detachements in und bei Schoenau in der Nacht vom zweiten zum dritten Operationstag. Rekognoszirung des Weges nach Zallenfelde für das Vorgehen der Brigade in dortige Gegend. Beurtheilung des Terrains bei Zallenfelde, um einer Umgehung des Feindes daſelbſt entgegenzutreten. Anordnungen der nach Zallenfelde detachirten Küraſſier-Eskadron und Verhalten derſelben beim Vordringen des Feindes. Rekognoszirung der Weeske von Matzweißen bis Pr.-Holland, inwieweit dieſelbe den über Behlendorf auf der Chauſſee vorgehenden feindlichen Truppen einen Uebergang geſtattet (durch mehrere Offiziere). Rekognoszirung der auf jener Straße befindlichen Abtheilungen.

Beim Oſt-Detachement: Rekognoszirung der Zalle nördlich des Schönauer Waldes, behufs Vorgehen des Gros der Diviſion über die dortigen Abſchnitte (durch mehrere Offiziere); Verhalten der zuerſt über den Abſchnitt geworfenen beiden Eskadrons bei Annäherung des Gegners von Schoenau her. Rekognoszirung der Weeske von Matzweißen bis Pr.-Holland (ebenfalls durch verſchiedene Offiziere), behufs eventuellen Eingreifens der Dragoner-Brigade auf dem linken Ufer. Vorgehen einer Eskadron der Brigabe auf Vägs, Besetzen des Orts und weiteres Verhalten derselben bei Entwickelung der Verhältnisse auf dem linken Ufer.

c) Bei Pr.-Holland. Verhalten der von Behlenhof hierher zurückgegangenen Eskadron. Ihr Gefecht an den Brücken gegen die Avantgarde der feindlichen Dragoner-Brigade. Weitere selbstständige Entschlüsse nach Verlust von Pr.-Holland. Beim Ost-Detachement wurde noch das Verhalten einer einzelnen Eskadron, welche zunächst die Stadt betritt, während die Brigade dieselbe umreitet, zum Gegenstande einer Aufgabe gemacht. (Besetzung der Ausgänge, Aufsuchen der Post- und Telegraphen-Station, der Kassen, sowie sonstige Informationen.)

Fünfter Uebungstag. (22. September.)

Ritt von Pr.-Holland nach dem Oberländer Kanal (Schönfeld, Hirschfeld ꝛc.) resp. die Weeske abwärts. Quartiere in Pr.-Holland.

Dritter Operationstag. (Schluß.)

Die Uebungen an diesem Tage wurden in Bezug auf die allgemeine Lage an den Stellen wieder aufgenommen, an welchen sie am gestrigen Uebungstage um 11 Uhr Vormittags (Operationszeit) abgebrochen worden waren.

Uebersicht der Ereignisse.

Als das Gros des West-Detachements in der Gegend südlich Emilienhorst eintraf, erfuhr der Kommandeur, daß:

1) von der bei Elbing befindlichen Infanterie-Brigade ein Bataillon nach dem Uebergange über den Oberländer Kanal bei Hirschfeld entsandt worden und soeben über Weeskenhof daselbst eingetroffen sei;

2) daß am Uebergange von Schönfeld eine Kavallerie-Brigade, bestehend aus einem Reserve-Dragoner- und einem Reserve-Ulanen-Regiment, zu seiner Verfügung stehe.

Der Kommandeur des West-Detachements entschloß sich unter diesen Umständen, dem anrückenden Feinde entgegenzugehen und ihm die bereits erlangten Vortheile wieder zu entreißen. Diese Absicht wurde noch durch die Maßnahmen des Gegners bestärkt, welche von der Höhe östlich Emilienhorst deutlich zu erkennen waren.

Das über Rogehnen anmarschirende Gros der Ost-Division hatte nämlich auf die Meldung der Dragoner-Brigade, daß sie im Besitz von Pr.-Holland sei und über Crossen auf Hirschfeld vorgehen werde, ein Detachement von zwei Eskadrons (einer Kürassier- und einer Ulanen-Eskadron) nebst zwei Geschützen abgezweigt, um zunächst die Verbindung mit den Dragonern über Pr.-Holland herzustellen. Das Gros selbst blieb in Richtung über Greiffings im Vormarsch.

Das West-Detachement deckte sich gegen die über Crossen drohende Umgehung durch Entsendung der drei Husaren-Eskadrons nach der Höhe von Alt-Kußfeld, mit welchen die bis Neu-Kußfeld zurückgegangene Dragoner-Eskadron in Verbindung trat. Mit dem Gros, welchem sich die in der rechten Flanke detachirte Husaren-Eskadron anschloß — in Summa 16 Eskadrons und eine reitende Batterie — brach der Kommandeur nunmehr überraschend vor. Der Gegner, der 14 Eskadrons und 10 Geschütze versammelt hatte, machte am Thal-Einschnitt beim Holländer-Krug Halt. Seinen detachirten Abtheilungen war indeß die Bewegung des West-Detachements nicht entgangen, und da sie sich sofort gegen Flanke und Rücken desselben wendeten, sah sich dies veranlaßt, den weiteren Rückzug über die Brücke bei Nahmgeist anzutreten.

Die Ost-Division rückte bis in die Gegend von Schönfeld und trieb von dort aus ihre Rekognoszirungen gegen den Oberländer Kanal; diese führten zu verschiedenen Zusammenstößen mit dem Gegner, welcher inzwischen die einzelnen Uebergangspunkte stark besetzt hatte. Da hierbei auch die feindliche Infanterie bei Hirschfeld entdeckt wurde, nahm die Ost-Division von weiterem Vorgehen vorläufig Abstand und bezog Bivouaks resp. Alarm-Quartiere.

Die Husaren-Brigade übernahm die Avantgarde gegen Nahmgeist. — Eine Eskadron besetzte Schönfeld und die Höhe am Nahmgeister-Uebergang und sicherte sich durch eine Feldwache gegen die Schönfelder Ebene, eine zweite Eskadron wurde die Kleppine aufwärts detachirt. Der Rest des 5. Husaren-Regiments (zwei Eskadrons) lag als Gros der Vorposten in und neben dem Gehöft, welches sich unweit des Weges Schönfeld—Pr.-Holland dicht nördlich des Alt-Kußfelder Waldes befindet. Das Husaren-Regiment Nr. 6 und eine reitende Batterie bezogen Bivouaks an dem genannten Wege, eine Viertelmeile weiter rückwärts.

Die Dragoner-Brigade stellte Vorposten gegen Hirschfeld aus, das Gros derselben (zwei Eskadrons Regiments Nr. 4) an der Chaussee bei Neu-Kußfeld nördlich des dortigen Abschnittes, zwei Feldwachen gegen Robland, den Uebergang an der Chaussee und die Hirschfelder Ebene, einen Zug zur Verbindung in Alt-Kußfeld. Die übrigen sechs Eskadrons der Brigade und eine reitende Batterie kamen nach Crossen und Weeskenhof und sicherten sich durch eine Feldwache bei Schönwiese und Patrouillen gegen Althof.

Die schwere Brigade wurde nach Pr.-Holland und den Ausbauten verlegt, einzelne Theile derselben bezogen neben der Stadt Bivouaks.

Das Divisions-Stabsquartier wurde in Pr.-Holland genommen.

Die Trains waren bereits im Laufe des Vormittags nach Göttchendorf beordert worden.

Die vom West-Detachement genommene Aufstellung war folgende:

Das Infanterie-Bataillon besetzte mit je einer Kompagnie den Uebergang bei der Hirschfelder Ebene und die Chausseebrücke. Der Rest des Bataillons kam nach Hirschfeld; die auf diesem Flügel befindliche Dragoner-Eskadron entsandte einen Zug nach der Roblauder Brücke.

Das Husaren-Regiment übernahm mit drei Eskadrons die Vorposten des rechten Flügels und besetzte die Uebergänge bei der „Schönfelder Ebene" und Nahmgeist; die 4. Eskadron wurde Kleppine aufwärts detachirt.

Als Soutien der ganzen Linie bezog das Dragoner-Regiment (drei Eskadrons) und die reitende Batterie Bivouaks eine Viertelmeile südlich von Hirschfeld.

Das Kürassier-Regiment und die Reserve-Kavallerie-Brigade wurden nach Gr.-Tippeln, Kl.-Marwitz und die weiter westlich befindlichen nächsten Ortschaften verlegt; das Stabsquartier kam nach Gr.-Tippeln.

Die Bagage war bereits südlich des Drausen-Sees angelangt. —

Beiderseitig war diese Aufstellung resp. Dislokation etwa um 3 Uhr Nachmittags genommen worden. Bei der Ost-Division fanden jedoch noch im Laufe des Nachmittags einige Veränderungen statt. Bald nach 5 Uhr nämlich wurden die Patrouillen der bei Schönwiese stehenden Dragoner-Feldwache in der Gegend von Bahnhof Güldenboden von feindlichen Ulanen zurückgeworfen und die Feldwache selbst vertrieben. Bevor noch das alarmirte 3. Dragoner-Regiment eintraf, war der Gegner bereits wieder über Schönwiese zurückgegangen, verwehrte aber in der Stärke von circa zwei Eskadrons das weitere Vordringen über den dahinter befindlichen starken

Abschnitt. Bei der bald eintretenden Dämmerung mußte für diesen
Tag von weiteren Bewegungen Abstand genommen werden; das
Dragoner-Regiment sicherte daher den Abschnitt nördlich der Weeske
(an der mittleren Elske) durch zwei Eskadrons, deren Feldwachen
die Uebergänge von Schönwiese und Marienfelde besetzten. —

Schließlich sei noch bemerkt, daß am heutigen Tage ein Wechsel
im Kommando der Ost-Division stattgefunden hatte. Ferner übernahm ein Stabsoffizier nunmehr die Führung der in der Gegend
von Elbing befindlichen Infanterie-Brigade des West-Detachements;
die Anordnungen desselben werden bei den Ereignissen des vierten
Operationstages Erwähnung finden.

Uebersicht der Aufgaben.

Die am heutigen Tage gestellten Aufgaben hatten zunächst das
selbstständige Handeln der beiderseitig abgezweigten Abtheilungen im
Auge, zur Zeit, als die verstärkte Kavallerie des West-Detachements
aus dem Terrain südlich Emilienhorst zum Angriff vorging. Das
Gefecht selbst wurde im Terrain eingehend zum Gegenstande der Besprechung gemacht. Der Rückzug des West-Detachements gab Veranlassung, die Zeiten zu vergegenwärtigen, welche größere Kavallerie-
Massen zum Uebergange aus der Gefechts- in die Marschformation
gebrauchen, sowie über die Zeit, welche das Defiliren über die Brücke
von Rahmgeist erforderte.

Demnächst bot die Situation an der Kleppine und dem Oberländer Kanal die Grundlage für weitere Aufträge. Zunächst bestanden dieselben beiderseitig in Rekognoszirungen der genannten Wasser-
Linien, denen sich anschloß: Gefechte um den Uebergang bei Rahmgeist, Aufstellung der beiderseitigen Vorposten und detachirten Eskadrons, Rekognoszirungen derselben und Anordnung für die Unterkunft
der einzelnen Abtheilungen der Ost-Division.

Sechster Uebungstag. (23. September.)
In Pr.-Holland.
Ruhetag.

Der Abend des 22. September wurde, da sämmtliche Theil= nehmer nunmehr wieder in einem Ort vereinigt waren, zur Bespre= chung einiger der weiter unten angegebenen Punkte benutzt. Der 23. September wurde als Ruhetag festgehalten und fand am Vor= mittag desselben eine gemeinschaftliche Konferenz statt.

Die Besprechungen an beiden Tagen erstreckten sich vorzugsweise auf folgende Punkte:

1. Allgemeine Uebersicht der Bewegungen beider Detachements an den drei durchgeführten Operationstagen.

2. Genaue Durchnahme sämmtlicher Meldungen, welche bisher an den verschiedenen Uebungstagen eingereicht waren, inso= fern diese nach Form oder Inhalt zu Bemerkungen Veran= lassung gaben.

3. Rekapitulation der aus den verschiedenen Kategorien der ge= lösten Aufträge sich ergebenden Lehren.

ad 1. An die Uebersicht der Bewegungen beider Deta= chements knüpfte sich die Besprechung der Absichten ihrer Führer, welche diese selbst entwickelten, an, so wie die Beleuchtung besonders hervortretender Verhältnisse resp. unrichtiger Maßnahmen.

ad 2. Auf die sehr genaue Durchnahme der Meldungen muß ein ganz besonderes Gewicht gelegt werden. Meistens werden diese Meldungen in Wirklichkeit in Augenblicken geschrieben, in denen die Nähe des Feindes die größte Aufmerksamkeit auf diesen erfordert. Man muß daher bei ihnen jedes unnütze Wort vermeiden, da man nicht die Zeit hat, lange Abhandlungen abzufassen, aber ebenso wenig darf irgend etwas Wichtiges ausgelassen werden, was in der Eile leicht geschieht. Beides will aber erlernt und geübt sein und bei allen Kavallerie = Uebungs = Reisen wird daher die Abfassung von Meldungen stets ein hauptsächliches Moment der Uebung bilden.

Die ad 3 erwähnte Rekapitulation bezog sich vorzugsweise auf folgende Kategorien:

a) Das Feststellen der Zahlen=Verhältnisse bildet die Grundlage für vielfache Momente zur Beurtheilung des Gegners, wie für die eigenen Anordnungen. Ihre Kenntniß ist daher als ein unumgängliches Erforderniß zu betrachten. Bei den bis jetzt vorgenommenen Uebungen bezogen sich diese Verhältnisse der allgemeinen Sachlage gemäß nur auf Kavallerie (resp. reitende Artillerie) und zwar: Marsch= und Front=Längen, Marsch=Geschwindigkeit, Aufmarsch größerer Abtheilungen aus der Marsch=Kolonne und Zusammenfalten in diese Kolonne und Ausdehnung von Bivouaks=Plätzen.

b) Die Rekognoszirungen. Dieselben zerfielen in gewaltsame, wie beim Ost=Detachement das Vorgehen einer Dragoner=Eskadron am zweiten Operationstage von Wusen gegen Baarden, am dritten Operationstage der Versuch zweier Eskadrons an der Weeske, um Einsicht in die feindliche Aufstellung zu erlangen, und

in Rekognoszirungen einzelner Offiziere. Letztere bezogen sich entweder auf die Aufstellung resp. Bewegung der feindlichen Abtheilungen oder auf Terrain=Verhältnisse.

Die Erfahrung lehrte auch hier, wie bereits seit langen Jahren bei den Generalstabs=Reisen, daß das Supponiren von Truppen=Abtheilungen im Terrain, als Basis von Aufträgen und Besprechungen sehr wohl durchführbar ist. Man kann daher einem rekognoszirenden Offizier angeben, was er von einem gewissen Punkte aus vom Gegner erblickt, man kann ihn von diesem Punkte nach alle den anderen Punkten begleiten, wo er sich zur Fortsetzung seiner Beobachtungen hinbegiebt und ihm dort das weitere Material liefern; man kann ferner die Länge von Kolonnen, die sichtbar werden, bezeichnen, ebenso wie ihre Marschrichtung und Marschgeschwindigkeit und dem Beauftragten Schlüsse über ihre Stärke und Absichten ziehen lassen.

Allerdings sind dies nur Auskunftsmittel, welche, so nützlich sie auch sind, doch nicht diejenigen Uebungen völlig ersetzen, bei denen man über Truppen = Abtheilungen verfügt. Es sei aber bei dieser Gelegenheit darauf hingewiesen, daß sich solche Uebungen während der Manöver sehr wohl in ausgedehnterem Maßstabe ermöglichen lassen, wenn Kavallerie=Uebungs=Reisen mit diesen in Verbindung gebracht werden, oder nach Art derselben einzelne Offiziere unter besonderer

Führung außerhalb des Truppen-Verbandes die entsprechende Anleitung und Verwendung erhalten.

Was schließlich die Rekognoszirung in Bezug auf Terrain-Verhältnisse betrifft, so bezogen sich diese während der bisherigen Uebungs-Zeit vorzugsweise auf Flüsse und schwierige Abschnitte, so an der Passarge, Weeske, Zalle und am Oberländer Kanal, und zwar nach verschiedenen Richtungen hin: Passirbarkeit, Festhalten durch Gefechte, als Abschnitte für Vorposten-Aufstellungen 2c. Demnächst kam die Haltbarkeit von kleineren Abschnitten und Ortschaften in Betracht, Beurtheilung des Terrains für Verwendbarkeit größerer Kavallerie-Massen und das Aufsuchen von Wegen und Bivouaks. Es sei hier gleichzeitig bemerkt, daß erfahrungsmäßig derartige Rekognoszirungen vielfach nur unter dem Gesichtspunkt des einzelnen Reiters ausgeführt werden, während es sich vornehmlich darum handelt, gleichzeitig alle auf Freund und Feind bezügliche Gesichtspunkte in Betracht zu ziehen. So wird es sich oft in der Nähe des Feindes nicht allein darum handeln, an welcher Stelle die Tiefe eines Wasser-Riffes das Ueberschreiten desselben am besten gestattet, sondern auch wo man jenseits am schnellsten zur Entwickelung gelangt. Der Führer, welcher 600 oder 1200 Reiter hinter sich hat, wird diesen und andere Gesichtspunkte nicht aus dem Auge lassen, wohl aber kommt häufig ein vorausgeschickter Offizier mit der Meldung zurück: „ich bin an der und der Stelle ganz gut durch den Bach gekommen", eine Meldung, die in vielen Lagen keineswegs ausreichend erscheint.

c) Die detachirten Eskadrons. Zur Betrachtung über dieselben lag in den ertheilten Aufträgen bereits ein reichhaltiges Material vor. Das Verfahren solcher Abtheilungen, sowohl in Bezug auf Fühlung am Feinde, Einblick in dessen Lage und die eigene Sicherheit wechselt ebenso wie die Aufgaben, welche ihnen durch die frühzeitige Erkenntniß der feindlichen Bewegungen erwachsen. Die am ersten Operationstage bei Baarden befindliche Dragoner-Eskadron des West-Detachements mußte sich weit ausbreiten und Abtheilungen nach Spanden und Lauck entsenden; sie konnte dies angesichts des Feindes nur thun, da der Passarge-Abschnitt ihre Front sicherte. Die nach Krickehnen beorderte Husaren-Eskadron durfte sich nicht begnügen, von dort aus ihre Patrouillen weit auszustreuen, sondern hätte die Passarge-Brücke östlich Alken zum Ausgangspunkt ihrer Aufklärungen nehmen und diesen Uebergang so lange als irgend möglich halten müssen. An demselben Tage war die Dragoner-Eskadron des Ost-

Detachements, welche im Norden bei Borchertsdorf den Fluß überschritt, bei Ebersbach genöthigt, von weit vorzuschickenden Patrouillen
völlig abzusehen und, sich möglichst verborgen haltend, die Beobachtung des Feindes fortzusetzen.

Ebenso unterschieden sich mehrfache Fälle in Bezug darauf, ob
die detachirten Eskadrons eine Annäherung an das Gros anzustreben
hatten, um bei einem Gefecht desselben eingreifen zu können, oder ob
es wichtiger war, ihren Aufklärungs-Zweck noch weiter isolirt zu verfolgen.

Derartig mußte das West-Detachement im Anfange des dritten
Operationstages die zur Beobachtung auf der Straße Wormbitt—
Pr.-Holland detachirte Eskadron entbehren, obgleich es jeden Augenblick zum Gefecht gelangen konnte, da die Masse der 1. Kavallerie-
Brigade sich in dem koupirten Terrain von Cossainen bis Schoenau
nicht aufhalten durfte, ohne jene Straße ausreichend beobachtet zu
wissen.

Andrerseits unterließ es das Ost-Detachement an diesem Tage,
nachdem es von der nach Süd-Westen ausweichenden Kavallerie des
Gegners nachgezogen wurde; die auf Elbing führenden Straßen
dauernd aufzuklären, wozu die Detachirung einer Eskadron erforderlich gewesen wäre. Als Folge ergab das unerwartete Auftreten
feindlicher Ulanen von dort eine Störung in den gesammten Bewegungen der südlich der Weeske befindlichen Division. Jene Richtung
war aber um so weniger außer Augen zu lassen, als der Abmarsch
der gesammten Streitkräfte des Gegners von Mehlsack aus nach
Westen ebenso bekannt war, wie der Umstand, daß die feindliche
Kavallerie am ersten Operationstage aus der Gegend von Mühlhausen wieder nach Schlobien vorgegangen war.

d) Das Verhalten der vordersten Avantgarden-Abthei-
lungen (resp. der Arrieregarden) größerer Truppenkörper fand
Anhalt zur Besprechung bei beiden Detachements bei den Ereignissen
um Baarden, Schwölmien, Göttchendorf und nach dem Gefecht nördlich des Oberländer Kanals. Es kann nur noch darauf hingewiesen
werden, daß das Vorschieben detachirter Eskadrons das Gros
der Detachements keineswegs von Bildung besonderer Avantgarden
(Arrieregarden) und Flankendeckungen entbindet.

c) Das Fußgefecht kleinerer Abtheilungen kam sowohl
bei dem Auftreten detachirter Eskadrons, wie bei Spanden, Schwölmien, Pr.-Holland zur Sprache, als auch beim Festhalten einzelner

Punkte der Vorposten-Linie (bei Einhöfen und am Oberländer Kanal), ferner bei Avantgarden (Kl.-Thierbacher Defilee), sowie bei Festhaltung isolirter Punkte (Bahnhof von Mühlhausen). Die Nothwendigkeit des Angriffes wie der Grad des Widerstandes wird hierbei meist von der Bedeutung des bezüglichen Punktes, welchen derselbe bei der augenblicklichen allgemeinen Sachlage hat, abhängig sein. Mußte z. B. der Bahnhof von Mühlhausen bis auf den letzten Mann gehalten werden, so war das Gefecht bei Einhöfen von der Vorposten-Abtheilung des West-Detachements nur so lange durchzuführen, bis die Ueberlegenheit des vordringenden Gegners und seine Anmarsch-Richtung festgestellt war. Gleichzeitig sei darauf hingewiesen, daß, wenn das West-Detachement am dritten Operationstage eine Husaren-Eskadron anstatt der Kürassier-Eskadron nach Zallenfelde detachirt hätte, es fraglich blieb, ob das Ost-Detachement den Abschnitt der Zalle zu überschreiten vermochte.

f) Aufstellung der Vorposten und Verhalten ihrer einzelnen Abtheilungen in verschiedenen Lagen. Je nach der Entfernung vom Feinde konnte die Sicherung entweder nur durch vorgeschobene Abtheilungen auf einer oder mehreren Straßen erfolgen oder mußte solche durch Aufstellen einer zusammenhängenden Postenkette erzielt werden. (Wichtigkeit weit ausgreifender und richtig dirigirter Patrouillen.)

g) Verschiedene Einzelhandlungen. Diese betrafen: Zerstören von Telegraphen-Leitungen und Eisenbahnen (passagere und dauernde), resp. eines Bahnhofes; Herstellen von Uebergängen aus verschiedenem Material, Beitreibung dieses Materials und Zerstörung von Brücken, Ungangbarmachen von Furthen und Verstärkung von Oertlichkeiten behufs Vertheidigung.

h) Croquis. Die mit Bleistift gezeichneten Skizzen sind nur in den Fällen anzufertigen, in welchen entweder keine Karten vorhanden sind, oder die vorhandenen das Terrain nicht in hinreichender Weise erkennen lassen.

Siebenter Uebungstag. (24. September.)

Ritt von Pr.-Holland über Güldenboden nach Elbing.

(Vierter Operationstag.)

Die bisherigen Uebungen hatten zur Grundlage die Operationen zweier gegenübergestellter Kavalleriemassen; diese waren bis auf kurze Distanzen gegeneinander vorgeführt worden, beide Abtheilungen hatten demnächst durch Flankenmärsche sich auf andere Straßen gesetzt und war hierauf der Vormarsch der einen und der Rückzug der anderen Abtheilung erfolgt.

Es kam nunmehr der Leitung darauf an, an den beiden noch verbleibenden Tagen die weiteren Aufträge Verhältnissen zu entnehmen, welche sich aus der Berührung der aufklärenden Kavallerie mit größeren Infanteriekörpern des Gegners ergeben.

Zu diesem Zweck war bereits am dritten Operationstage die Führung der bei Elbing befindlichen kombinirten Infanterie-Brigade des West-Detachements einem Stabsoffizier übertragen worden und ihm die weitere Verfügung anheimgestellt, von dem Augenblick an, als die Meldung bei ihm gegen 2 Uhr Mittags einging, daß sich die Kavallerie-Brigade hinter dem Abschnitt der Zalle nicht mehr zu halten vermochte und ihren Rückzug hinter den Oberländer Kanal anträte.

Der Führer der Infanterie-Brigade (von welcher ein Bataillon bereits nach Hirschfeld entsandt war) beschloß, durch ein Vorgehen bis an den Ostrand des Elbinger Höhenterrains den Gegner von weiterem Drängen der Kavallerie-Brigade abzuhalten. Unter Zurücklassung von zwei Kompagnien zur Festhaltung von Elbing, rückte das Gros am Nachmittag in der Stärke von drei Bataillonen und einer Batterie bis an den Abschnitt von Grunau, die Avantgarde — sechs Kompagnien und eine Batterie — bis in die Gegend südlich der Katzenberge. Letztere besetzte den Bahnhof Güldenboden mit einer

Kompagnie und stellte Vorposten längs der am Fuß der Höhen gelegenen Dörfer Meislatein, Bartkamm und Wöclitz aus. Die
während des Marsches vorausgeschickten beiden Ulanen-Eskadrons
alarmirten — wie bereits mitgetheilt wurde — die feindlichen Dragoner bei Weeskenhof. Nach ihrer Rückkehr verblieb eine dieser
Eskadrons bei Güldenboden, während die andere nach Pomehrendorf
entsandt wurde, um dort die Straße auf Mühlhausen zu beobachten.
Dies war die Lage der nunmehr zur Sprache kommenden Abtheilung
des West-Detachements am Morgen des vierten Operationstages.

Ueberficht der Ereignisse.

Die Ost-Division, deren Aufmerksamkeit durch das plötzliche Erscheinen der feindlichen Ulanen von Neuem auf Elbing geleitet wurde,
und welche überdies noch Kenntniß erhalten hatte, daß der Bahnhof
Güldenboden von Infanterie besetzt worden sei, beschloß, bevor sie
weitere Offensiv-Bewegungen unternahm, sich zunächst ausreichende
Aufklärung über den neu auftretenden Gegner zu verschaffen.

Zu diesem Zweck sollte eine stärkere Rekognoszirung gegen
Elbing ausgeführt werden. Damit die feindliche Kavallerie am
Oberländer Kanal von der hierdurch bedingten Schwächung keine
Kenntniß erhielt, wurde angeordnet, daß die Husaren-Brigade, sowie
die Vorposten der Dragoner auf dem linken Weeske-Ufer in ihrer
bisherigen Aufstellung verbleiben sollten; das Gros der Dragoner-
Brigade (sechs Eskadrons, eine reitende Batterie) wurde mit der
Rekognoszirung auf der Elbinger Straße beauftragt. Von der
schweren Brigade erhielt eine Ulanen-Eskadron Befehl, über Marien-
felde in Richtung auf Pomehrendorf vorzugehen und die Straße
Mühlhausen—Elbing aufzuklären.

Die Dragoner-Brigade trabte früh Morgens über Schönwiese
vor. An dem östlich von Güldenboden befindlichen breiten und tiefen
Wassergraben versuchten feindliche Ulanen (drei Züge) der Avantgarde (zwei Eskadrons der 4. Dragoner) den Weg zu sperren,
wurden aber nach kurzem Gefecht vertrieben. Nach Herstellung der
theilweis zerstörten Brücken überschritt die Avantgarde den Graben,
erhielt aber gleich darauf vom Bahnhofe aus heftiges Infanterie-
feuer, die weiteren Rekognoszirungen ergaben, daß Bartkamm und
Wöclitz ebenfalls von feindlicher Infanterie besetzt waren. Während
nunmehr Offiziers-Patrouillen weiter nördlich Aufklärung über die
Ausdehnung der Vorposten-Aufstellung verschafften und namentlich

deren linken Flügel zu umgehen suchten, beschoß die reitende Batterie den nicht sehr vertheidigungsfähigen Bahnhof. Nach einiger Zeit sah sich die Kompagnie zur Räumung der brennenden Gehöfte ver- anlaßt. Diesen Moment benutzte die Avantgarde der Dragoner, um- ging die Baulichkeiten südlich auf einigen durch das Wiesenterrain führenden, vorher rekognoszirten Wegen und suchte, indem sie einen Theil ihrer Mannschaften am Schnittpunkt der Chaussee und der Eisenbahn absitzen ließ, nachdem die feindlichen Ulanen vertrieben waren, der Infanterie den Rückzug abzuschneiden. Gleich darauf ging auch der Rest der Dragoner-Brigade nördlich des Bahnhofes vor. Unter dem Feuer der Batterie und der abgesessenen Mann- schaften, attackirt von dem Dragoner-Regiment Nr. 3, wurde die Kompagnie in dem freien Terrain gesprengt und zum größten Theil vernichtet.

Inzwischen war beim Kommandeur des West-Detachements der telegraphische Befehl eingegangen, infolge einer bei Danzig drohenden Landung, sich nach Marienburg in Marsch zu setzen. Die Vorposten wurden angewiesen, sich bei ihrem Gros zu sammeln und sollte die gesammte Avantgarde alsdann über Preußmark zurückgehen, das Gros der Brigade behielt zur Deckung des Abmarsches den Abschnitt von Grunau besetzt.

Die Dragoner-Brigade bemerkte sehr bald Bewegung in der Vorpostenlinie des Gegners und folgte den Abziehenden mit einer Eskadron über Plohnen, mit einer zweiten über Wöcklitz; hierbei wurde festgestellt, daß der Gegner mit etwa einem Bataillon und einer Batterie auf Preußmark abzog. Ein auf Böhmischgut vorge- schickter Dragonerzug erhielt vom Windmühlenberge von Grunau aus Artilleriefeuer.

Hiermit endete an diesem Tage um 10½ Uhr Vormittags (Operationszeit) die Uebung. Das Gros der Dragoner-Brigade war um diese Zeit bei Bartkamm, die detachirte Ulanen-Eskadron in Pomehrendorf, von wo aus eine feindliche Ulanen-Eskadron auf Serpien zurückgegangen war.

Uebersicht der Aufgaben.

Aufstellung der beiden Dragoner-Eskadrons an der Elske in der Nacht vom dritten zum vierten Operationstage. Rekognoszirung des Elske-Abschnittes. Vorgehen der Avantgarde der Dragoner-Brigade am Morgen des vierten Operationstages (zwei Eskadrons). Gefecht am

Uebergange östlich Güldenboden mit drei Zügen Ulanen. Rekognoszirung des Grabens. Herstellung der theilweise zerstörten Ueber-gänge. Rekognoszirung des Bahnhofes und der feindlichen Vorposten-aufstellung am Fuße der Höhen. Aufsuchen von Wegen durch die theilweis morastigen Wiesen südlich Güldenboden, Verhalten der Avantgarde der Dragoner beim Abzuge der feindlichen Infanterie aus dem Bahnhofe. Fußgefecht der Dragoner, um der feindlichen Infanterie den Rückzug abzuschneiden, unter gleichzeitiger Deckung gegen Elbing. Aufsuchen des Weges für das Gros der Dragoner-Brigade, um in dies Gefecht einzugreifen. Weitere Beobachtung der abziehenden Vortruppen des Gegners, Feststellen ihrer Stärke und der Abzugsrichtung. Verhalten der bei Pomehrendorf beiderseitig detachirten Eskadrons.

Achter Uebungstag. (25. September.)

Ritt von Elbing nach dem Abschnitt östlich Grunau und zurück nach Elbing.

Vierter Operationstag. (Schluß.)

Uebersicht der Ereignisse.

Sobald die Avantgarde der kombinirten Infanterie-Brigade des West-Detachements hinter den tiefen Einschnitt von Preuschmark ohne weitere Störungen angelangt war, trat die Brigade ihren Rückzug auf Elbing in zwei Kolonnen an. Die linke Kolonne (bisherige Avantgarde) setzte sich auf die Straße von Serpien nach Elbing, das Gros verfolgte die Chaussee über Grunau, jede der beiden Kolonnen deckte sich durch eine besondere Arrieregarde.

Die Dragoner-Brigade der Ost-Division, welche zunächst die Aufstellung des Gegners hinter dem Abschnitt Windmühlenberg von Grunau—Preuschmark rekognoszirt hatte, folgte mit dem Gros über Serpien und suchte durch ein Umfassen in nördlicher Richtung einen weiteren Einblick in die Bewegungen des Gegners zu erlangen.

Da sich hierdurch der Abmarsch der linken Flügelkolonne der Infanterie, welche bei der Nähe der Kavallerie in Gefechtsformation erfolgen mußte, verzögerte; sah sich die rechte Flügelkolonne veranlaßt bei Spittelhof theilweise aufzumarschiren und demnächst wiederum die Verbindung herzustellen. Hierauf wurde der weitere Rückzug gemeinschaftlich theils über die Eisenbahnbrücke, theils durch die Stadt angetreten.

Die Kavallerie-Brigade des Ost-Detachements beschoß mit ihrer Batterie die abziehenden Kolonnen und besetzte mit einzelnen Abtheilungen den Bahnhof und demnächst auch die Stadt.

Hiermit wurde die Uebung geschlossen. Was die Kavallerie des West-Detachements am Oberländer Kanal anbetrifft, so war angenommen, daß dieselbe am Morgen des vierten Operationstages höhere

Weisung erhalten hatte, allmälig bis südlich des Drausensees zurückzugehen. Die Vorposten dieser Kavallerie verblieben noch bis gegen
Mittag, bis das bei Hirschfeld stehende Bataillon seinen Abzug be-
werkstelligt hatte, am Oberländer Kanal stehen.

Uebersicht der Aufgaben.

Rekognoszirung der Infanterie-Aufstellung hinter dem Abschnitt
von Preußmark. Beurtheilung der Stärke der abziehenden Infan-
terie, sowie der Zeitverhältnisse, soweit solche auf Bewegung und
Entwickelung Bezug hatten. Rekognoszirung des Abmarsches des
West-Detachements und Beurtheilung der Absichten desselben nach den
verschiedenen sichtbaren Bewegungen der Kolonnen. Rekognosziren
der für die folgende Kavallerie des Ost-Detachements einzuschlagenden
Wege. Vorschläge, um der abziehenden Infanterie Hindernisse in den
Weg zu legen resp. ihr möglichst viel zu schaden. Besetzung des
Bahnhofes und der Stadt durch die folgende Kavallerie. Meldungen
über alle während der Berührung mit dem Gegner hervortretenden
wichtigen Ereignisse.

Neunter Uebungstag. (26. September.)
Schluß-Konferenz in Elbing.

Bei dieser Konferenz wurde in derselben Weise verfahren, wie bei der in Pr.-Holland abgehaltenen. Die damals zur Sprache gebrachten Punkte erfuhren nunmehr in der Betrachtung eine weitere Ausdehnung, insofern die beiden letzten Uebungstage Material hierzu geliefert hatten. Namentlich wurden hierbei als Grundlage die auf Infanterie bezüglichen Zahlenverhältnisse speziell durchgenommen: die Marschlängen der einzelnen Truppenkörper, die Schnelligkeit ihrer Bewegung, sowie die Zeit, welche sie gebrauchen, um sich aus der Marschkolonne zu entwickeln, resp. aus genommenen Aufstellungen wiederum in die Marschkolonne zu setzen. Ferner wurde eine besondere Aufmerksamkeit den Rekognoszirungen gewidmet, insoweit sich solche auf feindliche Vorposten-Aufstellungen resp. genommene Gefechtsstellungen bezogen, wie überhaupt dem Aufklärungsdienst der Kavallerie im Angesicht größerer feindlicher Infanteriekörper.

Die Anwesenheit zweier Ulanen-Eskadrons bei der kombinirten Infanterie-Brigade bot schließlich noch die Gelegenheit bei konkretem Falle den Dienst der Divisions-Kavallerie zu berühren.

Mit einer allgemeinen Uebersicht über die Organisation der Kavallerie-Divisionen, ihren verschiedenen Aufgaben und des Verfahrens bei ihrer Lösung, wurde die Uebungsreise an diesem Tage geschlossen und wurden die Theilnehmer nach ihren Garnisonen entlassen.

Druck von E. S. Mittler u. Sohn in Berlin, Kochstraße 69. 70.

www.ingramcontent.com/pod-product-compliance
Lightning Source LLC
Chambersburg PA
CBHW020233090426
42735CB00010B/1679